LOCUS

L O C U S

LOCUS

LOCUS

# mark

這個系列標記的是一些人、一些事件與活動。

**mark 45 情書的盡頭**
(*Hell Hath No Fury*)
編者：安娜・霍姆斯 (Anna Holmes)
譯者：施益
責任編輯：楊郁慧　美術設計：集紅堂
法律顧問：全理法律事務所董安丹律師
出版者：大塊文化出版股份有限公司　台北市105南京東路四段25號11樓
www.locuspublishing.com
**讀者服務專線：0800-006689**
TEL : (02)87123898　FAX : (02)87123897
郵撥帳號：18955675　戶名：大塊文化出版股份有限公司




總經銷：大和書報圖書股份有限公司　地址：台北縣三重市大智路139號
TEL : (02)89902588　FAX : (02)22901658
排版：瑞豐實業股份有限公司　製版：源耕印刷事業有限公司
初版一刷：2004年8月

定價：新台幣280元
Printed in Taiwan

# 情書的盡頭

90個女人告別愛情的風格

Anna Holmes⊙編

施益⊙譯

謹以此書

獻給~~所有我愛過的男人……~~

我的姊妹

# 目錄

## 06 下堂求去篇 185



## 07 親愛約翰篇 209



## 08 小姐不嫁篇 239

# 在愛戀盡頭，女人矗立起一座座獨立紀念碑

蔡詩萍

我注意到「情書」這主題，既和我的創作有關，也多少有巧合成分。

我在大學教過一門「親密關係傳播」的課，既言傳播，當然不可能是單向、片面的。尤其，戀人之間的親密互動，怎可能只有一個人說、另一個人聽，而後就卿卿我我起來，一發不可收拾呢？

感情的事沒那麼簡單。若只有一個人獨白、缺了傾聽的人，那是單戀不是愛情；而若是一個人光說，另一個人光聽，那也只是仰慕之情，持續不了多久。真正的愛情，總要你說的時候，他聽；他說的時候，你聽；兩人之間，你儂我儂、相互唱和，情書便屬最好的紀錄了。

我寫《你給我天堂也給我地獄》（聯合文學出版）時，心中設想著如何去捕捉戀人藉由情書傳遞他們之間心無旁騖的執著與懸念——那無疑是十分美好的時刻。戀人即使權位再高、地位再顯赫，當他戀上一個人，就算外界對兩人的相對位階有不同評價，他也不在乎；這便是使情書無限美好的祕訣。一封封洋溢關愛、突顯崇拜、壓抑自我姿態

的情書，完整記錄了戀愛當前、人人皆謙卑的必然通則。

但我顯然遺漏了愛情很重要的另一部分，那就是「分手」。當然，這不意味我眞的完全未注意到關於分手的情書。我說「你給我天堂」也說「你給我地獄」，因爲天堂與地獄之別，在戀人眼裡純然只是主觀的感受。若你愛我，我就如同直登天梯，對天堂的奧妙瞠目結舌；但你若不愛我，我則像墜落地獄深淵的囚徒，一輩子懊惱自己何以犯下如此致命的錯誤。但即使如此，我還是得承認我漏了一環——情書中理應被賦予重要位置的一環——「分手情書」該如何歸類。

《情書的盡頭》恰好補足了我們對戀人互動關係的最後一段未知。我們多半只關注戀愛過程而不太留意「分手」這環節，我想應該跟人性潛在的善良本質有關吧。

這絕非玩笑之語。一場戀愛走到最後卻黯然收場，是很多人都不樂見的。於是，我們寧可歌頌愛情最光彩的部分，卻刻意忽略愛情最陰暗的結尾。可是誰能否認，有時當戀情必須畫上句點時，所需要的智慧與禮貌、分寸拿捏，往往比熱戀過程還關鍵。人是需要經由戀愛而成長的，至少一次以上的戀愛經驗，是我們認識人生、理解人性最好的平台。

我們或者可以這麼說，觀察一場戀情，我們需要一個平台與一個過程。先想像一個「戀愛平台」吧——把各種影響戀情發展的因素通通羅列在平台上：兩位主角、可能的第三者、兩方的家族、兩位主角個人種種主、客觀條件，以及周旋於兩位主角身旁自以爲有權發表意見的親朋好友，甚至，在這媒體過度發達的年代，若兩位戀人都是高知名度人士，你還得算上八卦媒體的不時干擾呢。

「戀愛平台」的觀念讓我們深刻了解，戀愛絕非兩個人單純癡迷於對方那般簡單的意念，而往往是複雜因素介入其中後所產生的許多戲劇性變化。

這還不夠。想對戀愛更深入認識的話，我們還必須觀察「完整的戀愛過程」：你愛上一個人，他給了你回應；你們互訴衷曲、進一步探索彼此；終至於如膠似漆、難分難捨。但就像世間一切的聚合——緣起緣滅、有始有終，情到濃時轉爲薄，以致黯然收場者，又豈在少數呢！不捕捉這過程，我們勢必不能看清愛情的完整面貌。刻劃「完整的」戀愛過程不免讓我們看到愛情中殘酷的一面，可是，若缺少這一環節，我們對愛情關係中翻臉無情、形同陌路般的轉折，將永遠只能懊惱、遺憾或悔恨。

就像是美國好萊塢電影《龍捲風》(Twister)中，科學家們明知龍捲風可怖，卻立誓要深入核心去了解它，而冒著生命危險飛車追風。搭建一個戀愛平台，就是要把所有資訊都考慮進去；認識一個戀愛完整過程，是要明白愛戀本身也是有生命的。

這本《情書的盡頭》，兼具了平台與過程的雙重功能。

透過林林總總的「分手情書」（很詭異吧，兩人都要分手了，所寫的文字依然可稱之爲「情書」），我們可以發現一旦戀情轉淡，心有不甘的那一方所受到的傷害，特別是自尊心的傷害，常常是難以承受、難以想像的「震撼」。

這股摻雜著羞憤、痛苦與懊惱的情緒，表現於分手的文字之中，往往讓我們「意外的」看到了戀人在過往戀情仍高仍濃之際，所隱忍下來的不滿。這眞是既有趣（當然是指觀看情書的局外人啦），又不無感慨（因爲即使是局外人，看著戀人從親密到惡言相向，也多少要激起些惻隱之心吧）的一種微妙經驗。

愛戀關係就像一面鏡子，更像一張網，毫不掩飾地投影出戀人的癡迷、焦慮與悲苦。然而「網」的隱喻尤其貼切：在那張網裡，戀人束手縛腳，自己侷限了自由的意志，只爲了網住對方也網住自己。唯有當對方辜負了自己，或是幾度掙扎，終於決心要走出網外，戀人才能獲得眞正的自由。

承認自己獲得「自由解放」之前，其實還需要一次徹底揚棄最後希望，並宣示主體「革命成功」的宣言，這宣言可以有多種型態，但它們一定有中心思想、核心價值，那就是：你既然負我，那就莫怪「老娘我」、「老子我」要向全世界宣告，是我恨透你這爛傢伙，是我要跟你說拜拜的。如何，很像法國大革命宣言或美國獨立戰爭告白吧，非要把對方狠削痛批一番不可！

這也是《情書的盡頭》最驚心動魄的地方——本書收集的都是天下癡情女性對「爛男人」發出的最後痛斥；筆鋒犀利、態度剽悍、出手不留情面、詛咒必定要見骨噴血。我一邊讀這些文字一邊想，男性如果預知戀人分手之後，會以「最後告白」、「獨立宣言」的方式宣洩她們的憎恨，而這些情書，未來又會被高舉女性意識大旗的編者、出版社搜羅成書、以昭天下的話，他們心中當如何地悔恨不已呢？這也可說是一堂男人必修的「分手學分」，告誡他們戀愛是一個「完整的過程」，從緣起到緣滅，男人都該細心去呵護女人的感受！

很多情話，會在戀情方殷、漸濃的過程中，一一被戀人傾訴。但很多委屈、哀怨，以及長期壓抑的悲情語言，唯有下定分手決心的那一剎那，才會如潮水般湧現。我們不能遺漏這段——哪怕它的確是一段感情的盡頭，是愛情最不美好的一面，我們依然得接受它。我在《情書的盡頭》裡體會到愛情爆發的能量，以及愛情陷入絕望時激越的毀滅性力道，都值得我們對「愛情」這志業抱以虔誠之心。愛情的盡頭處，我們要給它花圃或荒地，盡在一念之間矣。

《情書的盡頭》裡，每一篇女性發出的「最後告白」，都彷彿一座座矗立人間的獨立紀念碑，見證了男性的無情，這不啻是對無情男人最大的懲罰：一輩子有人在文字中譴責你！

本文作者為作家、廣播電視節目主持人。

# 愛情墓誌銘

法蘭馨・普魯斯（Francine Prose）

奇怪！我們怎麼都沒發現這樁一直都顯而易見的事實——分手信本來就是一個獨立的文類。當然，分手信也是書信體的一種，但長久以來已發展出自身的一套規則、語言、詩學和修辭技巧。而且正如本書各篇章所展現的，此一文類堪稱歷史悠久，博大精深。

舉例來說。分手信往往單刀直入、一針見血，不像瞎扯淡的聖誕卡或賀年卡總是言不及義。還有，雖然分手信內容有時不免牽涉到一些附屬性的次要角色——例如「其他男人」或「另一個女人」——基本上還是以兩大主角的對手戲爲主；如同契訶夫（Anton Chekov）所說的「由她和他就足以撐起大局」。分手信不像一般親友或同事之間隨意閒聊問候的信件——它們充滿著殷切的急迫感，不把話說清楚講明白不善罷甘休，想把過去種種「好好」了結，而且必須適度克制情感。由此觀之，這本「分手信選集」頗有「著名遺言選集」的味道——事實上，這些文字也可說是愛情將死的臨終遺言。而這些信件嘔心瀝血、熱情洋溢、專心致志、渾不顧傳統書信寫作格式和詞藻修飾的作風，也和情書沒有兩樣——分手信也該算是情書，不過是很特別的一種。

曾經爲了愛情而心碎的男男女女會頗感欣慰地在本書中發現，許多素來才華洋溢、風格出眾的高知名度人士，也曾同爲天涯淪落人。鼎鼎大名的漢彌頓夫人（Emma Hamilton）發現自己的愛人竟然替自己拉皮條，簡直怒不可遏。斯塔爾夫人（Madame de Staël）一反平日的優雅，竟低聲下氣地懇求一位拒絕與她爲友的男士改變心意。而當代女作家韋斯特（Rebecca West）則發揮她一貫的聰慧、機智與魅力，半眞半假威脅要自殺，還對丈夫說：**「你要的是能像小狗一樣爭先恐後，會跟你吵架、跟你玩耍、會生氣會心痛的人；但你不要一個愛情炙熱到會燙傷你的人。」**還有上一世紀的英國瑪格麗特公主（Princess Margaret）爲了善盡皇室責任與義務，不得不和愛人分手：**「這樣的愛，只有極少數幸運的人才有機會經歷，眞高興我遇上了……總有一天，我會想辦法回到你身邊……」**

這些分手信的女性作者從十六歲情竇初開的少女、四十六歲的成熟女性，到年逾耳順的六十七歲老婦都有。不論她們的出身是貴族還是市井小民，表達思念戀人之情都同樣眞摯感人。無名少女寫的**「沒有人能把起司漢堡和巧克力牛奶做得比我好吃」**，和喬治・桑寫給她不忠男友的信，頗有異曲同工之妙；**「除了我，世上不可能有別人會了解你，沒有人能像我這樣愛你，像我這樣因爲愛你而能無限包容你的不幸與缺陷；甚至含淚親吻，用沾滿熱血的胸膛擁抱著你的缺陷，希望把它吸收、隱藏起來，不讓白日的艷**

陽照射。」

寫信人在分手信中將前男友／丈夫個性上的缺失加以分門別類，並逐項條列自己所受的委屈，然後坦白說出一些礙於禮貌而憋在心裡的眞相、或以優雅卻帶刺的飛鏢字句射穿男友、或對男友的心理狀態提出分析報告，像是蒙塔古夫人 (Lady Mary Wortley Montagu) 寫道：「我已經研究過你了，徹徹底底研究過了，我現在可以精確解讀你靈魂的成分，連牛頓對光線的分析都無法與之相比。」而福克蘭夫人告訴拜倫：「我覺得你就喜歡陷自己於不幸，而只想找個人參與你自導自演的悲劇。」

她們在信中或質問愛人避不聯絡的原因、或自我辯解、或詳加剖析奄奄一息的愛情、或作勢刺擊對方，或努力療傷。就像蕾爾妲．費茲傑羅 (Zelda Fitzgerald) 一樣，她們爲自己的苦痛傷悲所發出的喟嘆是如此驚人的直接與純粹：「現在快樂消失殆盡，家也不在了；完全沒有過去的痕跡，也沒有一絲情感殘留。如果你那裡還留下任何的什麼，也許可以聊以安慰。過去我們之間曾有過無窮的溫柔與夢想（還有你的歌），如今竟然相對無情與冷漠。」

本書的每一頁都在在顯示著：當女人搖搖筆桿或敲敲鍵盤，不但足以發出來自地獄的怒吼，更流露出她們的智慧、優雅、幽默、視野，及無可比擬的美。

本文作者為美國當代知名小說家及藝評家，寫作不輟，作品多次獲獎，並曾在愛荷華寫作班（Iowa Writers' Workshop）、約翰霍浦金斯大學（Johns Hopkins University）等地任教。

# 情書休止，悲傷終結

安娜・霍姆斯

天怒莫若怨婦怒
地恨無如痴女恨

——康格里夫（William Congreve），《哀慟新娘》

此書乃由憤怒、羞辱、幻滅和厭惡孕育而生。

話說二〇〇〇年秋天，我跟一個比我小的男生——姑且叫他阿澀吧——拍拖了幾個月。他是寫小說的，二十四、五歲，高大聰明有衝勁，又長得超正。他跟我一樣很迷棒球，和我那票朋友也頗聊得來。他在醫院上班，我則任職於某女性雜誌。我們白天時利用上班時間互寄email，晚上再講電話到深夜。他還蠻常到我的住處，不然我們就直接約在外面。他喜歡摟我吻我，告訴我他有多愛我。當然啦，他不是頂有錢，還跟一個怪叔叔分租房子。不過我哪在乎這些。這男人是檔潛力股，我也有自己的地方住，而且他絕對絕對不是同性戀。賓果！我這不是中大獎了嗎？！

——呃，好像沒這麼順利。

我們交往兩個月後，他短短一週內連放我兩次鴿子。請注意，是兩次喔，不是一次。第一次我很氣，也跟他講了；不過看他又解釋又道歉的，就原諒他了（一半也是看在他那超可愛男童音的份上）。他還說過幾天要來我這「彌補我的損失」；由我做菜，他帶甜點。過了幾晚，我菜是煮了，而他人丟了，我們的甜點也跟著飛了。

或許是受我周遭那些能言善道的女性同事所影響，又或許是因爲我年歲漸長，發現把對男人的觀感憋著不講很傷；而且我一直都任男人進出我的生命，卻沒讓他們知道他們對我造成的影響（不論好壞）；更或許是一種強烈的厭惡感加憤怒感加羞辱感作祟（我第二天打給他叫他講清楚說明白，他居然咕噥了幾句聽起來像是「我還在睡啦」、「起來再打給妳」之類的鬼話）。

眞正的原因不重要，反正我坐了下來開始寫一封「與阿瀊絕交書」。

第一稿眞的有點給他惡毒，字裡行間又影射他可能從小缺乏母愛、長大後又吸太多毒之類的事。我應該還有寫說他的作品將永無出版之日，而且前幾天他被搶是上天對他種種惡行的懲罰。不過我喝了幾口心靈雞湯之後，決定刪掉這些惡意批評的字句，客觀分析事實——阿瀊不但前科累累，而且罪證確鑿。

其實我也不是頭一次寫這種東西；不過「前阿瀊時代」的那些信，充滿塗鴉、五顏六色，還又臭又長；而且最後下場都是塞在塵封已久的資料夾或抽屜裡，僅供自己憑弔。但這封可不同了；裡頭不再夾雜著血淚滴滴或心碎片片的插圖，書寫工具也從簽字筆變成電腦鍵盤。最大的不同是，這次的書寫工具有其獨特運作方式，所以存放地點不再是衣櫥或凹凸不平的舊鐵櫃，而是以下幾個功能選項：存檔、寄出、刪除。

我點了寄出。

過了一會我重新打開信箱，把主旨改成「本小姐的分手信」，並填上十個手帕交的電子信箱，又點了一次「寄出」。

寄件人：安娜
日期：二〇〇〇年十月四日星期三上午11:00
收件人：阿澀
主旨：Re: re: 洋基今年不錯喔

阿澀，我不想討論昨晚的夢——反正就是因為你昨晚放我鴿子，害我惡夢連連，還都做同一場夢，結果徹夜難眠，醒來臉上還掛著淚——隨便啦沒差。沒錯，我是很氣，還不是普通的氣，我真是氣到爆。我告訴你，這種爛遊戲你自己玩；敢冷落我你就自己玩；敢不尊重我你就玩自己；要我浪費寶貴時間跟精神在你這信用破產的傢伙身上？你自己去玩自己吧。你上禮拜發生這麼多鳥事，我也跟你講了我的感受，還替你和你的惡行找藉口，只因為我相信自己是好人，而且願意相信你也是。我也知道人非聖賢，所以決定再相信你一次，而你卻不知好歹的「安可」一次？才演完上一檔失蹤秀，你才休一個禮拜就故態復萌？這種爛戲小姐我可不愛看。我還記得你說過要「重建」信用而不是讓它更加破產吧。我已經發現你有習慣性惡性循環的傾向了。

還有我們昨天晚上並不是「隨便約約見個面」好嗎！你腦袋裡到底裝什麼東東啊？連隔天早上跟我好好解釋的基本禮貌都沒有，不道歉就算了，還在那邊咕噥什麼昨天被朋友拖住走不開之類的鬼話來搪塞我。笑死人了。

我——其實應該說只要是女人都一樣——需要一個可靠的男人，不管這男人是戀人還是朋友，是認真交往還是隨便約約見個面。我以前就講過，對我來說最重要的事，就是我們之間要能坦誠溝通。我現在對你很坦白，我以前也對你很坦白。一開始我就把原則都說清楚講明白，甚至願意對你「多采多姿」的過去和一些有的沒的都一笑置之，唯一的條件只是要你也對我坦白。

聽好，你個性上那種自我毀滅的特質，並不能為你的行為脫罪。個性是需要去面對的現實問題，而不是置之不理、扯一些什麼「唉真糟糕，我大概就是天生自暴自棄吧」之類的鬼話。你做的自我分析是很準確：你搞破壞真的要比建立關係拿手多了，問題是那有病耶！去糟蹋生命中真正關心自己的人是什麼感覺？我是真的很好奇，那到底是什麼滋味？我實在想像不出來，如果一輩子都在疏遠身邊的人，日子怎麼過下去？

但你的確也對我很溫柔，還會抗議說我不了解你有多「哈」我之類的。阿澀，我喜歡跟你一起大笑，一起相擁入眠，但我一樣也能跟別人說笑擁抱。所以跟你報告一下：不管你有多「哈」我，現在這個狀況對我來說已經太病態了。因此我決定：從今天起正式脫離這種關係。

從此他便音訊全無，不過我也不想聽到他的回應。我本來就把信設計成一封不但能夠和他斷絕關係，而且除非他是白痴或情緒自虐狂，否則絕對不會回的絕交書。但其他朋友的回應倒是又多又快。有個同事跑來一邊恭喜我，一邊背誦信裡她最愛的字句。下午有另一位同事送花來，卡片賀詞的大意是：「姐姐很猛喔！」還有個朋友半開玩笑地問，她下次被甩的時候可不可以請我「代客寫信」。

不過這封分手信給我的勝利感只維持了一天左右，然後受傷和生氣的感覺又重新浮現，並持續數週之久。然而這些情緒也孕育了一些想法。我很隨興地評估了一下，有沒有可能開一家分手信寫作公司，並幻想女客們上門向我哭訴，而我將其抱怨化爲各式刺人的巧語、一針見血的嘲諷和話中有話的詛咒。但我馬上發現自己不但EQ不夠高，而且「分手信女作家」比較像電視電影中的虛構角色，並非現實生活中的正常職業。我也考慮過寫本「絕交書大全」，但隨即有位專業的編輯告訴我，這種書已經有人寫過了。

後來，令我最心動的構想是編一本「史上最強分手信選集」。試想，我只是隨意吐吐苦水都會使朋友們反應如此熱烈；那他們若是看到其他人——尤其是那些名女人——所寫的信，豈不是更加感動？不過我還是有點懷疑；當然不是懷疑這個構想的潛力——我很清楚這主意有多棒——而是覺得這種書很可能早就有人寫過。所以我馬上就上亞馬遜網路書店——查無此書；去逛圖書館和二手書店——也無此書；請教身邊一些書讀得比我多的朋友——仍無此書。唯一比較類似我的構想的，只有維西古拉（Thomas Vinciguerra）爲了千禧年情人節所蒐集、發表在紐約時報的〈毒筆信〉專欄。分手信當然有人發表也有人評論過；但是重點都擺在愛情而非離情。但這對我其實也是好消息，畢竟我個人對這些信最感興趣的部分，根本不是「幸福」而是「痛苦」；正所謂：「人不爽，必有鄰！」

我這麼喜歡書信，源自其給人的親切感——一種你好像就坐在作者旁邊的感覺——縱使她或他其實活在幾世紀前。正如奧特曼（Janet Gurkin Altman）在她《論書信之形式》（*Epistolarity: Approaches to a Form*）一書中所說：讀回憶錄可以回到過去的世界，而在書信中，過去偶爾會闖入其中，使眼下的現實獲得意義。直接讀當事人寫下的字句，要比聽口頭敘述更是親切動人、令人滿足（因此，本書所收錄信件的實際內容要比其戀情提要有趣多了）。若信是手寫的，則蘊含其間的情緒更加豐富：作者的親筆字跡、刪改痕跡、塗塗抹抹和錯別字等，全都有助於讀者了解作者的社會背景及心理狀態（但這種書信手稿的內容有時相當難以辨識，因此本書未能直接以複製原稿的方式呈現）。

我自己讀到那些被男人欺負、忽略、拋棄或用其他方式傷害的女性所寫的信時，特別感同身受。因爲即使我自己儘量避免在愛情的世界裡被傷害，卻仍難倖免——事實上，我們無一倖免。而這種「同爲天涯淪落人」的感覺還蠻溫暖的。但這些信最令我動容的，不是每位作者的遭遇，而是她們對變調愛情主動做出的回應，替天下女性開啓了無限可能。至少在我個人的經驗裡，「愛情的盡頭」通常只有一種單調到令人厭惡的模式：一種極端的自怨自艾、一種不管分手的導火線是哪件事還是哪個人，「此心已冷我將不再愛」的既定模式。但既然有更棒的凱旋之歌可供效法，我幹嘛老調重彈？聽了別人的金獎台詞，我何苦重演自己的舊戲碼？

雖然有些學校仍開設有「專業書信寫作實習」課程，但在這個充斥著行動電話、網際網路和子彈列車的世界裡，我們寫信的次數比起父母或祖父母的時代要少得太多了。書信這種溝通方式之所以還能保持某種吸引力，主因不在於書信和科技之間的競爭性，而在於兩者的差異性：寫一封信能私下獨處不受干擾；能盡情構思並迴避對外界的即時回應。當你說出的每句話都有可能遭人駁斥、分析或藉其他方式質疑時，是很難好好講個故事、釐清情感或細說從頭交代事件始末的。其實信這種東西，一半也是寫給自己看的；因爲寫信的動作本身就帶點叛逆，挑戰著我們和別人的經驗與認知。經由書寫過程，我們根本就是在試圖改變、捏造並重寫故事和歷史；所以寫信人在信中往往會爆發自己都不曾知悉的力量；或是一吐自己總以爲不該有的情感。

話雖如此，我們還是得明白：本書有些作者其實一開始就知道自己的信最後會公諸於世，而且不僅意識到其歷史性與重要性，更刻意修飾了部分內容；我們更需銘記在心的是，書信是控制和捏造歷史最有效的工具。所以本書收錄的信件裡，很可能會有許多評論、指控，甚或所謂的事實眞相，和收信人的說辭相去甚遠。如果作者是知名人士或歷史人物，我已竭盡所能將相關背景調查清楚，來作出平衡報導；若作者是無名小女子，我就將整封信原文照登，不再和收信人或其他相關人士確認其中細節。

由於「女性絕交書」的分類及編目並無前例可循，所以我將此書收錄的信件按主題、事件始末及筆調加以歸類。但我隨即發現，這些書信大部分都不容易只納入單一類別；例如有的信放在「興師問罪篇」簡直天造地設，但因其內容涉及外遇，所以也似乎蠻適合歸在「琵琶別抱篇」；反之亦然。事實上在我爲本書作功課期間，有太多瑣碎的類別在我的腦海到處亂竄，害我在二〇〇二年情人節那天交給出版社的初稿超過二十章（其實有些篇章本來我還頗中意的，不過最後還是不得不割捨；像是「新娘不是我篇」、「他是同志篇」、「我是蕾絲邊篇」、「婆媳大戰篇」、「暗通款曲篇」、「苦苦單戀篇」等等）。後來，我跟編輯一起將稿子梳理成比較合理的長度，最後雀屏中選的十一個篇名大多平實易懂毋須解釋；如「小姐不嫁篇」、「下堂求去篇」等。但仍有些篇名需要多費點功夫解釋，如「親愛約翰篇」。

我深信女性同胞（但願也有男性朋友）會發現本書內容充滿驚奇、發人深省又不失幽默。或許有的讀者本來買這本書是因爲愛人遠去，但看完之後會轉而想多了解一下某位作家的作品。事實上我不但希望女性會出於需要而購買此書，更異想天開奢望她們其中有人會把它權充成分手信的替代品——只要在書中標示出她最愛或情境最適合的那封信，然後把書投入那個男的信箱就好了——我自己也很懷疑會有人這麼做，不過倒眞的很希望本書成爲廣爲傳閱、物盡其用的奇書。

最後講個故事給各位聽聽：在交本書初稿的前一個月——差不多是剛過完聖誕，冬季最冷清死寂的那幾天——我搭火車到西岸某名校去張貼誠徵研究助理的海報。我在女性主義研究所的佈告欄貼了三張，打算再去該校的英文系貼個幾張。那天風和日麗，不過正值假期，只見到少許留守的行政人員和幾隻竊竊細語的松鼠。我到了英文系，不確定海報該貼哪裡，便走向一位側對著我，坐在地上專心看他擱在腿上那本書的男生。他渾然不覺，所以我清了清喉嚨（還是抖了一下手上的海報？），他隨即轉身。這個男生長相很Q，而且似曾相識——也有點太「相識」了。他似笑非笑地看著我，我也馬上發現眼前這個小帥弟，還眞的是我的前男友耶——沒錯，就是那位阿澀弟。感覺上我們似乎互看了好幾個鐘頭（其實不到兩秒啦），然後他立即挺直身子，用最正式最官腔的語氣對我說，這位小姐，來英文系辦有何貴幹？

我想了一下——想到他和我這本書，想著眼前荒謬的處境及其象徵意義，想著如果人生的意義和活下去的理由本來就源自一連串看似毫無關聯、實則蘊含深意的事件，那我早該預料到會有今日的相會。於是我笑了笑，昂頭說：沒有，我沒什麼事，不過還是謝謝你，祝你有愉快的一天。說眞的，我由衷希望他能有愉快的一天。我的故事百轉千折，又繞回原點。我既不生氣，也不難過，只是有點可憐他，可能——我只說可能——老天刻意安排了這樁看似偶然的事件來讓我知道：有些事我應該還算做對了。我只恨當天沒有穿得美美，塗個口紅刷刷睫毛膏什麼的——可是誰又能替「英文系辦巧遇舊情人」這種事預做準備呢？更何況，當時的我超自信的，不化妝也照樣明艷動人呢。

安娜・霍姆斯
二〇〇二年五月

# 興師問罪篇

這類分手信係以狂批痛罵口吻，寫給對不起自己或惹惱自己的男人。信中常以挑釁的姿態，直截了當批評對方的無能與不義，且通常在論及男方在社會地位、身體狀況或性能力上的缺陷時，語帶輕蔑。

寫信人：凱麗（Kylie），澳洲昆士蘭的二十八歲少婦

收信人：阿傑（Jamie，化名），凱麗的未婚夫

時間：一九九九年一月

**戀情提要：**阿傑在網路上認識了一個女人，遂拋下未婚妻凱麗和孩子揚長而去。凱麗寫了這封信，委由阿傑的律師把信交給阿傑；這位律師覺得這封信「十分有趣」。凱麗說：「我捨不得把這封信刪掉。每次只要心情不好，我就打開電腦檔案再讀一遍，然後精神就會爲之一振，提醒自己就算現在並不順利，但比起以前要好太多了。」她說阿傑收到了信後破口大罵，而且當場撕碎，還把碎片丟到那個轉交信件的女人身上。

**佳句摘錄：**我要感謝你如此粗魯，否則我不可能了解父母把我教養得多好，禮貌多周到。

親愛的阿傑：

我今天沒見到你、昨天沒見到你，而且不管我運氣好不好，我明天也不會見到你。寫這封信有兩個目的，一是因爲我要感謝你，二是因爲我再也不想跟你說話。

我要感謝你如此自私，否則我不可能知道，沒有你，我可以過得更好。

我要感謝你如此粗魯，否則我不可能了解父母把我教養得多好，禮貌多周到。

我要感謝你花掉我們所有的錢去買一堆垃圾，否則我不會捨得花錢雇卡車把它們運到垃圾場。

我要感謝你把電話帳單講到爆，否則不會有那麼多朋友登門造訪。（電話打不通，他們只好親自來訪。還是因爲你搬走了，他們才願意來？）

我要感謝你替我留下一屁股債，害我的車子因爲繳不出貸款而被收回，所以我到哪裡都只能靠走路，因此瘦了一大圈。

我要感謝你跟你那幫朋友說我多壞又多壞，還好我本來就不喜歡他們之中的任何一個人，所以我從此以後樂得再也不用跟他們打交道。

我要感謝你跟女兒說：生下她是你這輩子最大的錯誤，這樣一來我就不用編造故事，向女兒解釋爲什麼你不見了。

我要感謝你自己跑去國外渡假，趁機去找那個你在網路聊天室勾搭上的女人，把我跟孩子留在家裡，否則我永遠不會知道，沒有你的日子是如此美好，而且不必忍受你的一派胡言。

其實，我最要感謝的是你滾出了我們的生活。我們現在眞的是開心如意，屋子裡經常響起的是孩子們的笑聲，而不是你喝斥他們閉嘴的叫罵聲。

最後，我只能說：這麼多年來，你終於做對了一件事。希望你的新女友跟我們一樣，喜歡你的這個決定。

凱麗

又：你有一次覺得下面熱熱的，以爲自己得了性病，不敢告訴我，記得吧？那是因爲我在你內褲裡塗了虎標萬金油。

寫信人：潔西卡（Jessica），十七歲美國女孩
收信人：史考特（Scott）
時間：一九九八年夏天

---

**戀情提要：**潔西卡十六歲那年在餐廳當女侍，認識了當時二十六歲的餐廳經理——史考特。她與史考特交往一年後，才發現他已婚。

**佳句摘錄：**你的存在把我襯托得高高在上，因爲你不過是低等生物，在食物鏈上足足比我低四級。

親愛的史考特：

我希望你知道你已經失去了你最重要的東西，那就是我。而且，不管你再說多少次對不起，再送多少束花，我都不會再回到你身邊了。你再也聽不到我的聲音，看不到我的人，你已經永遠失去了這個特權。將來有一天，你報應臨頭，說不定會來求我賞你一份工作——那時你只配趴著刮地毯上的口香糖，因爲那時的我將已功成名就。事實上，你的存在把我襯托得高高在上，因爲你不過是低等生物，在食物鏈上足足比我低四級。

我到現在都還不明白自己爲什麼會讓你攪和進來。你像個他媽的死雞眼，我早就該拿指甲刀把你挖掉，長痛不如短痛，這樣就不必受最後那幾個月的罪。你眞的有病，需要看醫生！我再也不要當你的大夫、你的媽、你的心理醫生，我也不想再把你當朋友。你推我進了地獄；現在我從地獄回來了，不管我要不要「原諒」，我都永遠不會忘記你的所作所爲。你在我的生命裡留下了永遠除不去的污點。我本來想留下一丁點對你的好印象，但是你逼得我走投無路，不得不把這段感情叫停。

開始想念我了嗎？會的，你一定會想念我的，我敢打賭。沒有人能把起司漢堡和巧克力牛奶做得比我好；沒有人能忍受你的無病呻吟；沒有人會哈你後膝蓋的癢，讓你咯咯笑好幾個小時；沒有人能像我那樣當你的忠心耿耿又值得信賴的朋友。這些你一定都知道，所以你才會哭，會在兩天內打了二十七通電話找我。

「我們之間結束了」，你是哪一個字聽不懂？祝你好運能找到新女友。我自己是一定能找到取代你的人啦。我不但一定能找到新男友，而且會是一個值得我付出的人，絕對不會像你一樣。我下回要找個眞正的男人，一個眞正了解我、信得過的人，而不是嘮叨又愛吃醋的笨蛋。

想到你我就火大！我也不知道我幹嘛寫這個。我一點都不想管你，完全沒有想念過你，我也不在乎你人在哪裡、跟誰在一起。一切我都不在乎，也沒有體力去管，因爲根本就不値得。等你這大豬頭終於想通一切是你自己搞砸的，不用再打電話、不用寫信，也不用出現在我家門前！麻煩你尊重我的私人空間，我寧願燒焦眉毛也不願意再見到你……保重，滾遠一點。

潔西卡

寫信人：安妮・薩克斯頓（Anne Sexton, 1928-74），美國詩人

收信人：托爾基（Torgie），安妮在觀光農場上邂逅的男孩

時間：原信上沒有註明日期，推算大約是安妮十六歲那年（一九四五年）的夏天

**戀情提要：**這位女詩人在少女時期就是出了名的情場殺手。不過，從《書信中的安妮・薩克斯頓》（*Anne Sexton: A Portrait in Letters*, 1997）一書來看，才女也有棋逢對手的時候。

**佳句摘錄：**我演這場戲，完全是爲了證明我有演戲的天分。

親愛的托爾基：

上次答應你，要寫信告訴你我的心情。我本來並不打算這麼做，但心裡實在爲你感到難過，所以決定告訴你實情。你一點也不愛我，所以幾經思量後，我要說的是，即使你有一億元，我也不會嫁給你。

托爾基，你現在一定更是討厭我到了極點！在這場所謂的戲裡，我沒有證明什麼，卻又證明了很多。我演這場戲，完全是爲了證明我有演戲的天分；或許我在演戲的同時也向你證明了，一個想從別人身上圖利的人，別人也會想在他身上得到好處。我希望將來你能夠改變你的人生哲學：「沒有任何人、任何東西可以阻止偉大的托爾基做他想做的事、拿他想拿的東西。」你以爲你一身光鮮亮麗，舉止故作斯文，就可以僞裝成紳士了——但眞正的紳士有一顆溫暖謙虛的心。你可能會覺得奇怪爲什麼我會這麼說，因爲你在我先前的演出裡看不出我會說這類的話。可是啊托爾基，你不了解我，你只知道我的個性乖僻異常，竟可以揭露出你和眞誠的人相較之下卑劣的眞實面目。眞遺憾，托爾基，你知道所有事物的價格，卻完全不懂它們的價值。不論如何，我們在這齣短劇裡合作愉快，曾經有過許多歡笑。「一樣米養百樣人」，總有一天你會知道自己是哪一種人。

安・哈維

托爾基，多長點見識吧！

寫信人：懷娥莉・柯沃德（Violet Veitch Coward, 1863-1954），劇作家諾爾・柯沃德（Noël Coward, 1899-1973）的母親

收信人：亞瑟・柯沃德（Arthur Coward），鋼琴銷售員

時間：一九三〇年

---

**戀情提要：**懷娥莉與亞瑟結縭四十年，育有兩子。根據《諾爾・柯沃德傳》（*Noël Coward: A Biography*, 1995）一書的記載，懷娥莉受不了亞瑟無心於工作，沈迷酒鄉，還和別的女人打情罵俏，才憤而寫下此信。懷娥莉要求和亞瑟分房睡，但直到亞瑟在這封信寫成的七年後去世時（一九三七年），兩人仍維持婚姻關係。

**佳句摘錄：**我常常結交新朋友，也花不少時間試圖沖淡我對你的感情，但最後我是靠著你才終於做到了對你死心。

親愛的亞瑟：

你看到這封信可能會大吃一驚。我常常結交新朋友，也花不少時間試圖沖淡我對你的感情，但最後我是靠著你才終於做到了對你死心……就我記憶所及，只要我和孩子碰到困難，你從來不會出面保護我們，反而是和我們母子作對。你一而再，再而三讓我們失望，這一次，已經到了讓人忍無可忍的地步。

你最近的所作所爲實在過分。我……從來沒像現在這麼悲慘過。你到底爲我們母子做過什麼？你從來沒爲任何人做過任何事，別人倒是處處爲你設想。你給我們母子添了很多麻煩，卻從不覺得慚愧，還自以爲了不起。你只顧自己，不管我們母子的死活。任何有心表現得像個紳士的人，都不會像你欺侮我妹妹那樣對待女人，況且你還是在孩子們面前那樣丟臉，而我妹妹跟你一樣有權利待在這個家裡。諾爾說他要先買棟房子給阿姨，然後才輪到你。你身強體壯，活到一百歲都沒問題，爲什麼不工作賺錢呢？到時不就得靠諾爾養你，更不用說是我也只得靠他養了。

事到如今，我只好要可憐的諾爾給你另外找地方住。諾爾十分了解你的個性，對我近來的處境更是看在眼裡。他會努力讓我過得快樂。日後，一切還是一樣，我會繼續忍受你，只是我會用不同的方式；我不會再像以前那樣處處讓著你。說明白一點，我倆的關係到此爲止，我對你已經沒有任何一絲感情了。這一切都要怪你自己。

懷娥莉

寫信人：麗貝嘉・韋斯特（Rebecca West, 1892-1983），英國作家，著有《黑羔羊與灰獵鷹》（*Black Lamb and Grey Falcon*, 1941）

收信人：H. G. 威爾斯（H. G. Wells, 1866-1946），英國作家

時間：約一九一三年三月

**戀情提要：**一九一二年，麗貝嘉針對威爾斯的著作《婚姻》（*Marriage*）寫了一篇措詞犀利的書評。不打不相識，兩人於翌年陷入熱戀，但威爾斯事實上已有妻室。麗貝嘉寫這封信的時候，威爾斯已經斬斷兩人的情緣；但不久兩人舊情復燃，並在一九一四年生下一個兒子。這段感情起伏多變，到了一九二三年，麗貝嘉受夠了威爾斯「日益乖張與苛求的行徑」，終於帶著兒子遷居美國。以下這封信摘錄自《麗貝嘉・韋斯特書信選集》（*The Selected Letters of Rebecca West*, 2000）。據該書的編輯表示，原信並不完整，信末也未署名，很可能只是一份草稿。

**佳句摘錄：**我不能想像有人可以歡心雀躍地到處點火，卻討厭火焰本身。

親愛的H.G.：

在往後幾天裡，我很可能會飲彈自戕，要不就是做出比自殺更可怕的事。不論如何，我會徹頭徹尾改變自己。我不要這樣被矇在鼓裡一直到死。

我不明白，三個月前你還說要我，今日卻棄我而去，眞想知道爲什麼。這件事我實在想不透也氣不過。最糟的是，一旦我開始瞧不起你，我就變得更加光火，怪你擾亂了我的平靜。沒錯，你說得對，我是沒有什麼可以給你；因爲你嚮往的只是刺激與慰藉。我如今你不需要刺激，而我不是貼心的人；我也從來不照顧別人，除非那人病入膏肓。我是有點過火。回想起來，我媽媽大概會覺得我這個女兒唯一幫上忙的一次，就是把她從失火的房子裡救出來。

我一向心裡有數，你總有一天會讓我痛不欲生，我只希望是由我自己來選擇被你傷害的時間與地點。你下意識裡一直對我懷著敵意，而我也試圖收斂對你的愛意，把我的愛削成最合你胃口的大小，希望以此贏回你的心。我一感受到別人的敵意就會不知所措，因爲我除了付出愛之外，其他幾乎什麼都做不來。我並不是適合你的類型。你要的是像小狗一樣爭先恐後，會跟你吵架、跟你玩耍、會生氣會心痛的人；但你不要一個愛情炙熱到會燙傷你的人。你無法想像有人會因爲情緒失控所帶來的羞辱感而兩度嘗試自殺，你似乎覺得這樣很可笑。而對我來說，我不能想像有人可以歡欣雀躍地到處點火，卻討厭火焰本身；我覺得那種人很愚蠢。

你徹徹底底毀掉我了，我已經燒到體無完膚。我也許可以再站起來，也可能會站不起來。你說，迷戀之情都會過去。是的，迷戀終究會成爲過去。但是像我這種人總是從一段熱情跳向另一段熱情，一旦失手，就會摔在一個沒有激情，只有木板和碎屑的地方。你就是把我丟在這樣的地方了，你心知肚明，所以你才會一直想說服自己，說我是個粗鄙無文、死纏爛打、沒有骨氣的東西，因此我變成怎樣你都可以無所謂。當你說「麗貝嘉，妳講這些話實在不聰明」的時候，自以爲聰明，以爲堵住我的嘴了，但我不覺得你說的是對的。而我知道，你一想到我像個精神錯亂的少女，在你客廳裡因爲一次本來不會有的心臟病發作而噗通昏倒，可以讓你獲得極大的快感。

我討厭你讓我自己看低自己，看低我誠實清白的作爲——雖然這聽起來隱隱像是一種諂媚。你上次在信上說：「妳以爲妳自己多尊貴！」言詞之中暗指我計劃要跟布頓利去布萊頓城共度週末的事。然而我在那之前就寫信告訴你我愛你了。你星期五又故技重施，說我要的還不就是大玩一場，說我雖然不至於低賤，卻喜歡聽別人用刻薄的方式批評美好的事物。你這樣說話實在是惡毒之至。你曾認爲我愛上你是一件美好而勇氣可嘉的事——我到現在都還如此看待當時的自己——然而你的老古板作風卻讓現在的你認爲，一個女人不顧自尊、無法自拔地愛上一個男人，是十分失格的……。

寫信人：嬌嫚・斯塔爾（Germaine de Staël, 1766-1817），法國／瑞士作家
收信人：法蘭索瓦・德龐傑（Chevalier François de Pange），兼事寫作的印刷商
時間：一七九五年十一月

**戀情提要**：嬌嫚二十歲就認識法蘭索瓦，九年後對他產生愛戀之情，但當時嬌嫚事實上已與瑞典駐法特使斯塔爾男爵結褵九年；另一方面，法蘭索瓦也已與寡居的表妹雪莉墜入愛河，並未接受嬌嫚的示愛。一七九五年八月，嬌嫚出版了政治手冊《國內和平的省思》（*Reflections on Domestic Peace*），隨即被指控包庇流亡貴族，不得不逃亡到瑞士。嬌嫚以下這封信寫於流亡期間，信中回覆法蘭索瓦信上說自己重病，沒辦法見面的事。

翌年一月法蘭索瓦與雪莉結婚，但法蘭索瓦婚後不久即因肺結核病逝。

**佳句摘錄**：難道你在愛情裡只學到了偏頗失眞、薄情寡義和忽冷忽熱？

# 一九五年九月十一日，深夜

你的來信讓我好難過，但又不知道該怎麼說才不會帶來我不想見到的結果。你說的是什麼話！什麼「破壞友情……避免承諾……不知道什麼時候才能來……相信妳現在很幸福」！唉，德龐傑先生，難道你在愛情裡只學到了偏頗失眞、薄情寡義和忽冷忽熱？……你沒有權利折磨我。

記得你說過什麼是友情嗎？我的人生假如還有什麼意義，就只剩下你我這份友情了。過去四個月，我全靠這段情誼才撐得過來。更糟的是，如今我依然如此。我無意侵犯你的獨立自主……然而，假如需要你就是打擾你，我不怪你怕我……我的幸福少了什麼，你我都知道；可是你不會像我這樣清楚知道：在眞正了解你的人眼裡，你是完美的化身，而我對你的渴望更勝於對完美的渴望。我在我們倆的情誼之中找到了人間的全部幸福，只要你能移開那一把懸在我頭頂上的劍。

我跪下來求你，求你來巴黎跟我碰個面，或是在帕西（Passy）見面也可以，一小時就好……我不要把我已經到手的東西放開。我不能失去這份友情，我不管你是不是也這樣想。只要把你多餘的東西施捨給我，就足以填滿我的人生……。

寫信人：艾瑪‧哈特（Emma Hart, 1765-1815），即後來的漢彌頓夫人（Lady Hamilton）。但她是因為與英國海軍元帥納爾遜（Horatio Nelson）的婚外情而廣為人知

收信人：查理斯‧葛瑞維爾（Charles Greville, 1749-1809），公爵之子

時間：一七八六年

**戀情提要：**艾瑪與查理斯相戀五年。艾瑪對查理斯一往情深，但查理斯竟與自己的舅父威廉‧漢彌頓（William Hamilton）串通，安排艾瑪嫁給漢彌頓，而漢彌頓則允諾替查理斯清償多筆債務以爲酬謝。於是查理斯開始刻意冷落艾瑪，製造機會讓舅父漢彌頓趁隙而入；並在給艾瑪的信中，一番虛與委蛇之後，說出「愈快爬上威廉爵士的床，對大家愈好」的話語。艾瑪受創甚鉅，提筆回覆了以下這封信。五年過後，艾瑪果眞下嫁漢彌頓。不過，這位後世稱爲「漢彌頓夫人」的女子絕非等閒之輩；她後來與海軍名將納爾遜暗通款曲，還生下一女荷瑞霞（Horatia）。

**佳句摘錄：**因爲你害我愛上你，叫我聽你話，卻又把我拋棄，那好，如果我們之間要結束，就來個暴力的結局吧。

# 一七八六年八月二日，那浦勒斯

最最親愛的葛瑞維爾：

終於收到你的信了，你不知道我有多開心。縱然你的信上只有幾個地方是我喜歡的，但我不會抱怨的；因為這紙上有你寫的字，且是你親手所折，這對我來說就夠了。是你把緘封的膠紙舔濕——好一張幸福的膠紙啊，取代了艾瑪的唇被你吻著，怎叫我不嫉妒？縱讓我擁有世間一切，我也願意放棄全部來換取你雙唇一吻。我要再這樣說下去，信就寫不下去了。我只願除了這張膠紙之外，我再沒有其他情敵，但我願聽從上帝和你的安排。

從愛上你的那一刻起，我就知道我注定無法幸福。在這世界上，就算是貴為國王、王子的人也不能像你這樣讓我快樂。我都願意只靠威廉爵士每月供個一百鎊來和你一起過了，你還有什麼不滿足的呢？你要知道，對你說這話的可是個連國王等等等等的人都想追求的女孩呢。至於你信中叫我跟威廉爵士要好，我眞不知道怎麼說喔天啊你知道我感到多麼痛心嗎？叫我跟威——我氣死了，氣到說不下去了，氣瘋了我。葛瑞維爾啊，你竟然要我——你以前說你最愛我的笑容，現在卻無情無義——要我跟，跟威廉爵士上床。天哪，眞可惡。但我不會，我不會發飆的——要不是你不在我身邊，我就會把你連同我自己都殺掉。我要擱筆了，把體力補回來，因爲我的感冒還沒好，身體很虛。

我前面寫些什麼我也不看了。我要說的是，這六個月來只收到你兩封信，所以除非讓我回家跟你團聚，否則再沒什麼能補償我了。如果不能這樣，我什麼都不接受。我要回倫敦，在那做盡所有壞事，直到心碎而死，用我可悲的命運警告天下的年輕女子，心腸千萬不要太軟。爲什麼？因爲你害我愛上你，叫我聽你話，卻又把我拋棄。那好，如果我們之間要結束，就來個暴力的結尾吧。但是葛瑞維爾呀，你不能、你千萬不要這樣丟下我啊。你沒那麼狠心，我相信你愛我。你要求的任何事，只要能做到我都願意做。如果你嫌不夠，容我拜託你、乞求你，我什麼都聽你的，這是我最後一次這樣求你了。

布盧克親王過世了，眞令人難過。我要對詹姆士爵士、碧齊夫人表達誠心的弔唁之意，但華威家族不會太在乎的。過去七個禮拜裡，我們一直懷疑布親王是不是還健在，因爲威廉爵士接到華威親王的信，說布親王好多了，所以我猜那是迴光返照吧。他眞可憐，但我還是羨慕他生前好幸福。我們這裡常下雨，還颳大風。老人家說他們從來沒有碰過夏季天氣這麼壞的，但我們算幸運的了。王后在李爾度假村著了涼，身子很虛弱，而我自己也好不到哪去。今晚我們不在派西里波（Passylipo）吃飯，因爲我感冒。國王每個禮拜天都會來，我們簡直被他緊迫盯人，但基於前述另一方的善意，我們從不鼓勵他如此做。

德瑞德克斯頓王子（Prince Draydrixton）成了我們的好友，他經常問起你，想向你致意。他會講英文，還說我是光芒四射的鑽石，是世界上最美麗的人。他送我去澡堂，陪我去散步，等等等等的。感冒弄得我今天頭好痛，眞不知該怎麼辦。我該回威廉爵士的信了，可是你捎來的消息讓我好開心，我一定要先寫給你，我等不上一個禮拜。請你儘量給我寫信，趕快來找我。等你來了我們在兩年內就回英國，然後遊遍西班牙，你會喜歡的。

請回我的信——寫情書回我，不要用朋友的口氣寫。我不想看到朋友般的問候，我們之間是愛情不是友情。威廉爵士是朋友，但我跟你是情人。收到你寄來的藍帽子跟手套，很開心；在那浦勒斯，沒有人不稱讚我的帽子。願神保佑你，親愛的葛瑞維爾。

最真心愛你的

艾瑪．哈特

又：莫再寫些讓我生氣的東西，違背我的意思對你沒有好處，你不知道我在這裡多有影響力。我不要做他的情婦。你要是再惹我，我就叫他娶我過門。願上帝保佑你直到永遠。

# 愛人落跑篇

寫信者寫下這類分手信時，戀情顯然已經名存實亡，但對方並未開口說出「分手」二字，使兩人處於膠著狀態。由於被所愛的人置之不理，故信中表露出強烈的挫敗與絕望感。

寫信人：艾琳・伯恩斯坦（Aline Bernstein, 1881-1955），美國作家

收信人：湯瑪斯・伍爾夫（Thomas Wolfe, 1900-38），美國作家，著有《天使望鄉》（*Look Homeward, Angel*, 1989）、《時光與河流》（*Of Time and the River*, 1935，在兩人戀情結束後寫成）等書

時間：一九三〇年七月至一九三一年八月

**戀情提要**：湯瑪斯和四十四歲的已婚女作家艾琳相戀時，年僅二十四歲；五年後，湯瑪斯受不了艾琳的占有慾和過度的要求，便不再與她通信聯絡（那時湯瑪斯人在歐洲）。但要再過一年，湯瑪斯才肯向艾琳坦承兩人感情生變。

**佳句摘錄**：從我一直以來所承受的痛苦之中，可以造就美好的事物。

# (1) 一九三〇年七月，紐約州阿蒙克市

親愛的：

麗塔昨天來我這兒吃晚飯，說在巴黎見到了你——事實上你還帶她去不知道哪裡逛了一整天。愛蜜莉也發電報來，說不知道你在哪兒，只知道你忙著工作——如果她不曉得你在哪裡，又怎麼會曉得你在工作？無論如何，還是謝謝她好心告訴我。謝天謝地，你平安無事。

不知道爲什麼你突然不跟我連絡了，就這樣音訊全無，這對我造成很大的影響。也許我瘋了，因爲一個正常人不該對另一個人的舉動敏感到這種地步。但，你忍心這樣對待我，也不是正常人會做的事吧。我什麼事都不能做，只能想你。我害怕早上醒來，因爲白晝對我而言只是漫長的煎熬——難道你毫無想像力，不知道自己做了什麼？還是你根本就知道，而且你是存心要這樣做？

我從來沒傷害過你。我全心全意愛你，就我所及處處爲你設想。求求你寫信給我，說清楚到底怎麼回事。你上次說只能把我當朋友，希望我也能比照辦理。我對你的感情當然不能說停就停，我仍希望跟你當彼此懷有愛意的朋友。我沒辦法克制從靈魂深處對你的濃烈愛意。

我相信你並不知道自己在做什麼。我相信你對於自己行爲所造成的後果並沒有概念。如果你知道千里迢隔的我現在如何悽慘，你不可能照吃照睡照工作。幸好我整天都是獨自在家。我滿腦子胡思亂想，只想著要去找你。昨天打了兩通電話給朋友，他們都答應借我錢，足夠讓我去找你——也可能你根本沒看我的信。什麼都有可能。也許會有奇蹟發生。

艾琳上

## (2) 一九二〇年八月，紐約州阿蒙克市

親愛的：

自接到你電報後又是一個星期過去，我一直盼著能再收到你的信。聽到你很好，頗感欣慰；但又暗自希望你不是有意如此待我，只是受情勢所迫才不得不然——我眞怕你現在甚至不讀我的信了。

在你最難熬的那些日子裡，我不離不棄陪著你，伴你走過風雨。現在我處於低潮，而你事業穩定發展；我求你給我一點安慰，你卻連隻字片語都不肯寫——你往後再也沒

資格罵別人了，因為你自己是如此卑劣，如此對待像我這樣的知己，你怎麼逃得過良心的譴責？上一封信你還說全心愛我——我很願意相信你是愛我的，很願意相信你是個好人，但你現在的所做所為只會釀成悲劇，只會讓我們一起向下沈淪。我心力交瘁，無法工作，但天知道我現在一貧如洗。

你現在對我做的，正是你以前抱怨人生加諸於你身上的。你殘害我的人生至深，因為你對我太過無情。你知道我對你用情至深，絕不忍心傷害你；但有一天等你的朋友柏金斯先生跟我一樣栽在你手上的時候，也會發現你的眞面目。你既然可以傷害你的至交好友一次，就絕對可能再傷害第二次。

湯姆，我不過是要你像你當初答應的那樣跟我做好朋友。這當然絕對不會妨礙到你的寫作。

永遠與你心心相印的艾琳

## (3) 一九三〇年九月下旬，紐約州阿蒙克市

親愛的：

不論你人在何處，都希望這封信能在你生日前或至少生日當天能送到你手上。我特

地選在這時節寄出這封信，心中充滿對你的祝福，胸口滿溢著對你的愛。

這滴血是我右手中指的血，我用針扎的。

艾琳

# (4) 一九三一年八月，紐約

我睡不著。我在想，生命中無事不能加以美化。幾年前我在愛倫街發現一個寬口瓶的瓶身形狀很美而把它買下，花了六十五分錢。回家後又刮又擦，發現這個瓶是銅製的，瓶身環繞著圓形的紋飾，來自東方國家。我把它做成一盞燈，每晚把它點亮；它給了我溫暖，因爲在層層滄桑下我仍能認出它的美。

上星期天很熱，我一早就去了懷特普蘭市集，那裡整條路都在翻修。天氣熱到男人打赤膊工作。有個大塊頭男人正在打碎石塊，身材與你相仿。我沒看到他的臉，可是他的背部線條看起來跟你幾乎一模一樣。但是這世上除了你之外，我絕不碰任何男人的身體。我那時候在想，如果我把手放在那男人背上，他的肌膚紋理一定跟你的一樣；可是這世上再沒人能取代你，你是我的唯一。我很肯定我們不是慾望的奴隸，我們有靈魂。

爲了你，我重新回顧我的人生，發現我如今的感覺跟童年的悲哀如此近似，現在我才知道當時所怕的是什麼了。如果告訴你這些故事，或許你可以拿來當寫作題材，但你看不透我的心，你不知道該如何看待我。我們曾共度的時光不是一場夢，它引你進入我的生命中，現在又把你推得好遠。但是時光於我何有哉，我依然如昔，不爲所動，宛如行星永遠在自己的軌道上行進。

任何才貌雙全的女子都可能令你動心，你可以跟她們共度晨昏或雙宿雙飛。但我心中只有你，湯。自從你棄我而去，我陷入水深火熱，也許在我死前連嫉妒也會焚燒殆盡。對你這種瞎了眼的人，我只有憐憫及惋惜。你說我多愁善感，日後你一定會因爲對我用過這個字眼而覺得羞愧。沒錯，我是多愁善感，但那是因爲愛你太深以致心神惑亂。你以醜惡的遺棄及背叛來回報我對你的愛，但我對你的愛火並未止熄——你即將出版的書一定寫得很棒，可能我的一輩子加起來也比不上你這本書的價值。因此想想，從我一直以來所承受的痛苦之中，也可以造就美好的事物。

寫信人：艾迪絲・華頓（Edith Wharton, 1862-1937），美國作家
收信人：摩敦・傅勒頓（W. Morton Fullerton, 1866-1952），記者
時間：一九一〇年四月

**戀情提要**：兩人在一九〇七年春天結識，摩敦表示願意協助艾迪絲著作的法文版出版事宜。他們很快擦出愛的火花，但艾迪絲竭力隱瞞，不讓家中傭人及朋友發現這段戀情。翌年五月，艾迪絲從法國之行返回美國以後，摩敦逐漸疏於寫信，到後來就完全不寫了。兩人在一九〇九年一月見了一次面，艾迪絲發現有別的女人介入他們之間，而且可能不只一個。艾迪絲寫這封信的時候，她與摩敦的關係是「愛戀消退，熱情降溫」。此後，兩人轉變成「事業伙伴」，互相爲對方的創作提供意見。

**佳句摘錄**：在沒有認識你之前，我過得比較好。

# 一九一〇年四月中旬

我沒有像你昨天說的在「生氣」，但我的傷心和困惑實在無法言喻、難以承受。我沒辦法這樣過下去了！

我去法國時，以爲只會偶爾接到你的來信；但你天天寫信給我，就像三年前一樣，讓我以爲你也期待我日日回信。我以爲你眞的想知道我的種種心情！

然後我回來了，卻不見你隻字片語或一聲半響。你曉得想和你多說幾句話是多麼不容易；但你來卻不事先通知，我碰巧在家還眞是運氣好。然後你走了，此後又是沒消沒息。我已經回來三天了，但我在你眼中似乎並不存在。我眞的不懂。

如果我還能信賴你的感情——就算不是愛情，至少是忠實可靠的朋友之情——那麼我就能走下去，承受苦痛，繼續寫作並安排生活。

但是，你這六個月來的態度怪異而且反覆無常，把我丟進了一個接一個的幻影之中。我猜不出你的心思，不知道你在做什麼，而我自己到底被當成什麼！你像情人一樣寫情書給我，卻待我似點頭之交！

你是我的誰？我和你是什麼關係？

點頭之交嗎？不，我們是朋友。我說過我早就預料到我們的結局會如何，而且也勇於接受。然而，要有某種穩定而一致的情誼才能稱得上是友情。我必須知道我到底應該相信什麼。正當我以爲我們的感情已經進展到某種階段，你卻驟然轉向另一段感情；以爲我看不出你的改變，以爲我不會痛苦也不會懷疑，以爲我能平靜過生活，直到你再度想起我。

我一直忍受著你的反覆無常，因爲我愛你至深，也因爲我對於你所遭遇的種種艱辛和磨難同感心痛。但我從來不像你這樣善變而苛刻。我想我也從來沒有增加你的負擔，卻反而想以眞誠及忠實的友情爲你分憂解勞。我知道自己還有價值，不能忍受如此折磨，所以才寫這封信給你。請不要再寫我在英國時收到的那種信給我了。

這眞是種殘忍而讓人捉摸不定的娛弄方式。你實在不必傷我至此！我懂一點人生，選擇了你，接受你的爲人，欣賞你的天賦及魅力，只希望以最能幫助你的情誼待你，幾乎不求你能回報。然而，誰受得了前一天被要求要熱情洋溢，第二天卻又莫名奇妙就被冷落？就像你十二月裡謎一般改變態度一樣。

我這一年過得很辛苦，但最痛心、最雪上加霜的是我完全不明白你要不要我，不明白你對我究竟抱著什麼感覺。如果你對我有一絲眞心，你應該知道我想要的是等量的情誼——我不說那是愛情，因爲愛情不能強求——而是能伴我度過人生困頓的溫柔情誼。在這令人心傷的歲暮時節，我只能感傷地說，在沒有認識你之前，我過得比較好——對自己唯一愛過的人說出這樣的話，實在悲苦萬分。

寫信人：莎拉・伯恩哈特（Sarah Bernhardt, 1844-1923），法國名伶

收信人：尚・黎賽本（Jean Richepin, 1849-1926），詩人及劇作家

時間：一八八四年夏天

**戀情提要**：兩人於一八八三年相識相戀；當時莎拉的丈夫遠在北非，因嗎啡毒癮而染病。莎拉對丈夫和情人都不專情；與尚相戀的同時，也私下和其他人幽會。尚知道後大爲光火，避不見面，莎拉便寫了這封信給尚，一心相信尚會原諒她，但尚毅然離去，再也沒有回頭。

**佳句摘錄**：我上次眞的很不應該。唉！我爲自己的壞而哀泣。

# 一八八四年夏天

尚：

我難過的心情都寫在信中，寄到每一個你可能去的地方，但是你一定都沒有收到。這封信的命運也一樣嗎？我不知道，但我還是要寫。你的朋友彭雄說一定會想辦法把信交給你。我跪下來求你……寫幾個字給我吧！

我哀傷至極。四周的死寂快讓我活不下去了。尚，我很痛苦，眞的很苦。你在哪裡？在做什麼？你受傷了嗎？天啊！我到底做了什麼才會受到這樣的折磨？沒錯，我上次眞的很不應該。唉！我爲自己的壞而哀泣。我非常後悔說了那些重話，讓你覺得自己是孤獨無依的。啊！我的親親，我至愛的偶像，我的主人，想想我對你說過的那些甜蜜溫柔的話語吧！我的王子，想想我的眞意、我的深情、我的熱愛吧。我已經沒有傲氣了，我絕對會百依百順，溫馴地跪在你面前，滿懷悔意。我絕對絕對不會再犯錯，我這份狂野的愛只屬於你一人，只聽你一人。天啊！我到底做了什麼，爲什麼要受到這種懲罰？

你不知道，你離開後我心裡有多苦。一看到你的留言，我就崩潰了，到現在都無力下床。彭雄會告訴你這些，現在只有他能夠讓我平靜下來，因爲我可以和他談起你……

聽好！你這麼會躲，沒有人知道你的下落，我乾脆也跟你一起躲起來算了。對我來說，莫瑞斯不重要了，劇院也不重要了，我只在乎你，我要你。我絕對不再往後看。怯懦也罷，卑賤也罷，我就是要跪在你的跟前。要不然，你就叫我去死好了，說你已經受夠了我，說你不再愛我，說我的愛對你是一種負擔。

但，說眞的，你眞的覺得我能夠默默等待嗎？我們做愛時，你不曾看著我，不曾了解我嗎？等待時我只能哭泣，只有哭泣，但哭泣讓我變醜。如果你只是想毀滅我的自尊，壓制我的意志，強迫我接受你是我的主人，那麼你做到了……你的意志比我更強，因爲你可以如此折磨我。除了愛你，我在你面前沒有任何尊嚴了。叫我當你的奴隸，你的個人收藏吧，但是請給我愛。我的夜晚寂寞難耐！我四處找尋你，捶打你的枕頭，然後親吻它，求它告訴我你離開時心中在想什麼，你到底帶著什麼心情離我而去。我們的距離是如此遙遠，枕頭不語，而我獨自哭泣。

原諒我、可憐我吧！我的主人。我祈求你的憐憫。我已經撐不下去，外在和內在世界都已瓦解。我無語問蒼天，只能看著自己因爲愛你而慢慢死去。全都無所謂了……你總不會不再愛我了吧！告訴我，你願意讓我去看你，我會一句話也不說，只要親吻你的唇，然後，在愛的衝動下，我會用你的象牙刀緩緩自殺。然後，你再把我這個可憐情婦的屍體丟到大街上，沒有人會知道。這時你再把這封信給大家看，告訴他們：「看吧，她瘋了。」彭雄也會拿出我寫給他的信說：「她瘋了。」

看，這是最好的安排了，因爲我再也受不了，我痛苦得快要窒息了。或許，活著已不再重要，我應該以一死來軟化你的心。啊！親愛的，爲我而感動吧！把我折磨成這個樣子，還忍心再折磨我嗎？求求你，可憐可憐你的奴隸、你的女人。沒有得到你允許，我不敢親吻你的唇。

愛你。

寫信人：喬治・桑（George Sand,1804-76），法國小說家

收信人：路易—克利斯托蒙・米歇爾（Louis-Chrysostome Michel,1797-1853），又名米歇爾・德布爾（Michel de Bourges），律師

時間：一八三七年

---

**戀情提要：**喬治・桑與謬塞（Alfred de Musset）分手不久，就結識了米歇爾。米歇爾隨即展開情書攻勢；喬治・桑說他的信「讓我應接不暇，根本來不及回信，那顆炙熱的心似乎打定主意要把我融化」。一八三五年年底，喬治・桑要米歇爾協助她離開結縭十六年但早已疏遠的丈夫；翌年七月，喬治・桑終於和丈夫合法分居，並開始和米歇爾交往。

喬治・桑與米歇爾的感情轟轟烈烈，但喬治・桑不久就發現，米歇爾兩度背叛她，卻不容許喬治・桑四處尋歡作樂。米歇爾開始避不見面，使這段感情嚴重受挫。喬治・桑寫了這封信之後幾個月，兩人終究分手了。

**佳句摘錄：**你是不是在找藉口離開我？你這個不幸的男人啊！對我，你還需要找藉口嗎？

# 一八三七年一月廿八日，法國諾昂

米歇爾，爲什麼不寫信給我？你遇上什麼困難嗎？是不是病了？你又在生我的氣嗎？還是你有了新歡？天啊，你一定是有了新歡，我上次看到你時就這麼想了。你雖然企圖展現柔情，但掩飾不了你的不耐。如果我說的是事實，你爲何要用你的耐性羞辱我？爲何要懷疑我的勇氣與尊嚴？爲何不坦白說你有意疏遠？如果你不肯承認另有新歡，爲什麼不敢說出你不再愛我？你以爲我從此就不會再愛你嗎？不！不可能的。你愛怎樣就怎樣吧！我可以表現得很有尊嚴。如果我對你的感情造成你任何困擾，我甚至可以默不吭聲，但我一定會信守我在上帝面前爲你而立下的誓言。無論如何，請不要背棄我們的友情。我會全面克制自己，不會再喊你「吾愛」——再邪惡的惡魔我都征服過了，不是嗎？但是我的靈魂需要你！除了我，世上不可能有其他人會了解你，沒有人能像我這樣愛你，像我這樣因爲愛你而能無限包容你的不幸與缺陷；甚至含淚親吻，用沾滿熱血的胸膛擁抱著你的缺陷，希望把它吸收、隱藏起來，不讓白日的艷陽照射。是的，我可以原諒你的一切，甚至也可以原諒我懷疑你所犯下的罪行；我可以將之深藏在心中，爲它哭泣，且永遠不再談起，把它當成是我自己所犯下的罪，替你分擔犯罪後的懊悔與恥辱。

啊，我兒子身上是不是帶著死亡的病菌呢？我好難過。兩天前的晚上，我覺得希望渺茫；今天他好一點了，我就又想起你沒寫信給我。我夢到你快死了，我嚇壞了，心痛的感覺不斷襲來。老天啊，你眞的不再愛我了，否則你不會忍心見我這般失魂落魄而不出聲安慰；但是我不想抱怨。如果你不再愛我，那麼你跟我都有責任；因爲我無法時時刻刻配合你，無法贏得你的信任。如果我攔不住你屈從於其他的感官誘惑，我也願意當你忠心的伴侶，盡心盡力照顧你；萬一你哪天被推上斷頭台，你會發現我仍然是那個守候在你身邊的同志。萬事都由命運之神決定，世上沒有確定的事，沒有不變的東西——唯有我愛你的一顆心永遠不變。如果你需要忠心耿耿的僕人、一位堅定不移的朋友、一個隨時聽命的門徒，那都可以是我。我在你跟前時，曾經做過什麼該罵的事？我唯一的錯誤，我最大的苦惱，只是不能無時無刻陪在你身邊。

此刻，你又要譴責我什麼？你是不是在找藉口離開我？你這個不幸的男人啊！對我，你還需要找藉口嗎？你以爲我會卑躬屈膝地爬到你腳邊指摘你懦弱嗎？你以爲我會用毀謗來報復你嗎？我希望你不要看輕我，米歇爾。看在上帝的份上，請你誠實一點，想罵我就直說無妨吧，因爲這表示你還愛著我。如果你重燃的柔情裡仍然有眞心，如果你八天前說有寫信給我是眞的，那麼我知道你還愛我；即使你說的是反話，那麼我希望——我必須——我也要覺得我的付出並沒有白費。但如果你不愛我，一切又有什麼用？如果愛已經消逝，那一點點不由衷的愛憐算什麼？我沒什麼好說的了。

爲了減輕你的負擔，我願意收下你加諸女人身上的所有無理與自大。我再一次要求你讓我當一個值得你敬重信任的朋友——承認吧，我是你唯一的朋友。而你難道不是我的朋友嗎？你自己講過多少次，也對天發誓，世界上沒有人比你更愛我。天啊，如果你現在還愛我，如果你曾經愛過我，你怎麼可以像老虎玩弄獵物那樣的玩弄我呢？你知道這六個月來我是如何痛不欲生嗎？我的靈魂已碎，愛情消融了我的自尊，留下了無邊的苦痛。過去三個月來，我在愛子床邊忍受著疲憊和痛楚，脆弱得彷彿早上醒來就會倒地不起，只剩微弱的呼吸和脆弱的身心。天啊，如果我兒子明天死了，那我將聽不到我唯一摯愛的人給我一聲安慰；在我最需要的時刻，我聽不到他的聲音。那麼，愛是什麼？愛情不比友情，因爲，只要起了一點私心，只要擋不住一點背叛的誘惑，就足以封閉住一顆原本値得倚賴的心。你那用泥土塑成的靈魂難道沒有一丁點熱情？當慾望不再，你那疲憊的心是否就不再有關心、淚水與忠誠？噢，智慧之神、孤獨與死亡之神啊，爲何把我雙手綁上鐵鍊，拖我走向萬劫不復之境，並把沿途的花草樹木斬除盡淨？是爲了讓我加快腳步，不受誘惑吧？爲什麼摧毀了我所有的快樂、幻想與希望？爲什麼把我推向這片荒蕪之坡，要我朝向無從預料的未來與未知空無走去？上帝的公義是信實的也好，虛幻的也罷，我相信上帝，但是我不要快樂活在世上卻沒有愛；而愛，不就是上帝讓世人看見的唯一眞理嘛！

寫信人：福克蘭夫人（Christina, Lady Falkland, 約1779-?），西印度商人之女

收信人：拜倫（George Gordon, Lord Byron, 1788-1824），詩人

時間：一八一三年

**戀情提要**：福克蘭先生是一個長年酗酒的海軍軍官，和拜倫十分友好。一八〇九年，福克蘭先生死於一場決鬥。拜倫得知好友身後留下遺孀克莉斯汀娜和四個孤兒，於是主動資助克莉斯汀娜。後來，克莉斯汀娜開始抱怨拜倫沒有寫信給她，拜倫回信表示兩人通信恐怕會引起流言蜚語。但克莉斯汀娜仍相信拜倫深愛著她，且認定拜倫書中所描寫的女性都是自己的化身。她仍持續寫信給拜倫，表示她將會非常「樂於接受」他的求婚。

幾年後，克莉斯汀娜才獲悉拜倫根本不讀她的信。從以下這封信可以看出她似乎明白了拜倫根本不愛她。這封信寄出後又過了一年，她再度去信，要求拜倫借她兩百英鎊，拜倫拒絕了。

**佳句摘錄**：我相信，你現在不想繼續這段感情，將來必定會後悔。

# 一八二三年

最後一次了，拜倫，這是我最後一次寫信給你。人性可以承擔許多痛楚，我就是最好的例子，但總有無法承載的時候，當然你從沒注意過。經過這麼多事情之後，我不會再多解釋些什麼，只能說我們的想法完全不同（雖然我們如此意氣相投），就算在一起也不會快樂的。我乞求你把過去一切全部忘掉，不要寫信給我，因爲我不會看你的信。即使你登門拜訪，我也不會見你。

我以前聽說你曾經對未婚妻做出很不應該的事，現在我想這傳言恐怕是眞的。相信我，凡是有一絲感情、有一點知覺的女人，都不會願意像我這樣任人擺佈。我相信，你現在不想繼續這段感情，將來必定會後悔。但我覺得你就是喜歡陷自己於不幸，再找個人一起參與你自導自演的悲劇……願上帝保佑你。我心裡永遠不會忘記我對你的熱切之情。

寫信人：吉諾拉瑪・皮卡羅密尼（Girolama Piccolomini, 約1728-92），暱稱莫瑪（Moma），義大利西恩那市（Siena）市長夫人

收信人：詹姆士・鮑思維爾（James Boswell, 1740-95），蘇格蘭傳記作家

時間：一七六七年

**戀情提要：**兩人於一七六五年八月在西恩那邂逅並發生戀情，但鮑思維爾五週後就離開西恩那，繼續既定的科西嘉島（Corsica）行程，然後返回蘇格蘭。後來他沒再回過西恩那，也沒寫信給莫瑪。莫瑪認爲男人不應如此冷落情人，遂不停寫信抱怨，兩年間信件數量如雪片般不曾間斷。此處所收錄的是第一封署名的情書。事實上，時年二十五的鮑思維爾堪稱情場老手（還爲此染上淋病），他在這趟義大利、科西嘉島與法國之旅途中曾寫信給友人——思想家盧梭（Jean-Jacques Rousseau）——對他所征服的眾家單身女子、已婚婦人及歡場女子津津樂道。

**佳句摘錄：**男人不可靠不是新聞，遺憾的是我用自己的慘痛經驗印證了這殘酷的事實。

# 一七六七年三月廿日，西恩那

先生：

你曾親口告訴我，也在信中保證你會保持聯繫，二十年後我還會收到你愛意不減的信箋。這可是你自己說的話。我把你的信留著，倒不是因爲我怕忘記——我心中早已清楚刻上你所說的字字句句——保留下來只是爲了印證我的體會：男人的友誼是不可靠的——連那麼一個好品性、好心腸的男士如你也不可靠。只要一個女人離開了男人的視線，一切愛意就化爲流水。事實上，男人不可靠不是新聞，遺憾的是我用自己的慘痛經驗印證了這殘酷的事實。

你剛回蘇格蘭時，我收到僅僅那麼一封你寄來的信，馬上依你指示的地址回信給你，地址同現在這封一樣。但是我擔心信並未送達你手裡而石沉大海。我不明白你爲什麼不給我你老家的住址？

我身體還算健康，偶有微恙，但無大礙。市議員還是同一批人。本季唯一的新鮮事是，有一位德國紳士曾造訪我。你口中的「大危機」已經結束，人們又回到自己家中。我國近來不太安定，窮人日子難捱，多人病死。還好君主將於五月蒞臨本市，屆時會有慶典，那就會熱鬧一些。

現在，輪到你告訴我你的近況了。情場得意嗎？有想我嗎？了解義大利人嗎？跟女人還是無法長久嗎？跟盧梭及寶利（Signor de Paoli）還有來往嗎？我什麼都想知道。你的隻字片語是我莫大的喜悅，我渴望獲得你的消息。你承諾要送我你的肖像，不許反悔；你一旦食言，我就向你的朋友盧梭告狀，相信他會站在我這邊；因爲我的要求正當合理，而且你的承諾對我而言是無價之寶。

如有我可以效勞之處，請隨時吩咐。我的愛不因時空而轉移，我對你的堅貞會令你覺得羞愧，因爲你遠不及我。你無法坦然對自己說：「我全心全意，毫無保留。」但我可以。爲此，我要在這封信簽下名字向你告別。天知道這封信會不會到你手上，如果你眞能收到，也不知有沒有心看完，但人總要冒險，我就試它一試吧！

你最堅貞不渝的朋友

吉諾拉瑪・皮卡羅密尼

寫信人：瑪莉・蒙塔古夫人（Lady Mary Wortley Montagu, 1689-1762），十八世紀女性主義先驅

收信人：法蘭齊斯科・愛格若帝（Francesco Algarotti, 1712-64），義大利藝評者及學者

時間：一七三九年春天或一七四一年五月

**戀情提要：**瑪莉在年近半百的時候愛上了年輕的法蘭齊斯科。三年後，她安排了一次兩人的秘密約會；自己先在七月離開英國，等著法蘭齊斯科赴威尼斯與她同居。但法蘭齊斯科沒有赴約，而在腓特烈大帝登基時前往普魯士，並被延攬爲柏林宮廷內侍。法蘭齊斯科跟多數的內侍同僚一樣是同性戀，並未回覆難耐相思的瑪莉一封又一封的來信。瑪莉最後不得不寫下這封信承認，她自始自終不過是自我陶醉，一廂情願。最後，兩人協議保持朋友關係——但那是一七五六年的事了。

**佳句摘錄：**我看到你的靈魂裡有一千個美麗的思緒，但集合起來只形成了冷漠。

我要寫。就算這封信會激怒你，我還是要花一個早上提筆修書。我開始對於你輕蔑的態度感到不屑，對此，我不會再壓抑自己的感受。在我狂戀你的那段時光（多麼愚蠢的回憶啊），我是那麼渴望能討你的歡心（雖然我知道完全不可能），每次跟你講話，我都好怕你覺得煩，我怕到簡直說不出話來，但我還是在一天裡有五百次忍不住提起筆想寫信給你。現在這些都過去了。我看透你了，徹徹底底看透你了，我現在可以精確解讀你靈魂的成分，精確到連牛頓對光線的分析都比不上。你的眼睛就是我的三稜鏡，讓我解析出你的心思。我用力觀看你的眼——用力到我自己甚至差一點瞎掉（因爲你這付稜鏡是如此耀眼眩目）。我看到你的靈魂裡有一千個美麗的思緒，但集合起來只形成了冷漠。如果把這份冷漠分解成七等分，然後在一段距離之外觀看，可以分別看到你最鮮活的品味、最精緻的情感、最細膩的想像——這些美好的特質都是你。不管是在文稿、雕像、繪畫、詩、酒及言談，你總是展現出品味、敏銳與活力。但爲什麼我只得到你的冷漠與無禮？也許因爲我是不透光的，所以我可以看到你的本性。就像牛頓放棄了用望遠鏡來放大他的研究，因爲望遠鏡會使光線散射，我在看透了你的本性之後，也放棄了再碰觸你。

寫信人：蘇菲雅（Sophia Dorothea of Celle, 1666-1726）
收信者：菲力浦伯爵（Count Philipp Christoph von Königsmarck, 1665-94）
時間：約一六九三年

**戀情提要：**蘇菲亞生於德國，其夫為英國王儲喬治．路易斯，也就是後來的英王喬治一世。蘇菲亞和菲力浦伯爵這段婚外情始於一六八九年，直到五年後（這封信寫成後的隔年）有一天菲力浦伯爵步出蘇菲雅的臥房後遇刺身亡而曝光。雖然喬治王子也有不忠情事，但二話不說立即下令休妻，並把蘇菲雅終生囚禁於城堡內。蘇菲亞與菲力浦伯爵的戀情也並非無風無雨，她在這封信裡就斥責菲力浦迴避與她聯絡。

**佳句摘錄：**我不要你受其他懲罰，只叫你此生走到天涯海角再也找不到另一個像我這樣忠貞愛你的人。

# 一六九二年八月五日，漢諾威

你已經離開我六天，卻沒有捎來半點消息。你太不在乎我、太不尊重我了！我到底做錯什麼，活該承受這種待遇？我愛你愛到寵你、爲你犧牲一切的地步，卻只換來這樣的對待嗎？但我這樣提醒你有什麼用嗎？再叫我這樣懸念著，還不如死了痛快些。焦慮使我吃足了苦頭，受盡折磨。老天啊，爲什麼我命這麼苦！單戀是多麼丟臉的一件事！我會一輩子愛你，到死都不會變心。但萬一你變了心——我有千萬個理由怕你變心——那時我只有一個願望：我不要你受其他懲罰，只叫你此生走到天涯海角再也找不到另一個像我這樣忠貞愛你的人。儘管你可以因爲征服了別的女人而欣喜，但我要你從此以後都因爲得不到我的愛與溫柔而無盡悔恨。你再也找不到如我這般的眞心摯愛；不會有任何一個女人像我這樣愛一個男人。可我太常講這種話，你聽煩了吧。我求你不要把我的話語當作惡意，也不要懷恨在心，因爲埋怨你無情是我現在唯一的慰藉。我好怕他們把你從錫爾寄給我的信扣留，因爲我一封信也沒收到。所有事情是不是串通起來打擊我呢？會不會，不但是你不再愛我了，連我自己明天也要失去一切呢？假如這樣，我眞的會崩潰。明天我要去參加聖餐禮。再會吧，我會原諒你帶來的所有煎熬。

# 開棺驗屍篇

這類分手信詳述交往始末，試圖闡釋戀情告吹原因；並運用批判技巧——其中包括心理諮商式的告白，以及對回憶的引述（「還記得嗎？」）——詳述一段感情的始末細節及不歡而散的理由。

寫信人：丹妮爾（Danielle），二十一歲的女大學生

收信人：亞當（Adam，化名）

時間：二〇〇一年秋天

**戀情提要：**兩人結識於一九九九年——大一新鮮人丹尼爾迷上了大三優秀學長亞當。兩年後，亞當畢業離開校園，但社會人與在校生的戀情不易維繫，於是兩人在同年十一月分手。丹妮爾覺得亞當並不了解她眞的徹底放棄這段感情了，於是在分手後數週寫了以下這封信。

**佳句摘錄：**我只是不能忍受你嫌我膚淺，叫我身上的Gucci、Prada跟日本貨滾蛋。

# 二〇〇一年秋天

親愛的亞當：

每天跟你吵架，一下親熱一下翻臉的，我實在受不了。我想徹底結束這段關係。我還是會想跟你講電話，保持這種聊天的關係。也許有一天，我們之間會有些什麼結果——誰知道以後會發生什麼事呢。但以後我們講話，請你不要愛理不理。即便事情已經變成這樣，我還是儘量好聲好氣；我只是不能忍受你嫌我膚淺，還叫我身上的Gucci、Prada跟日本貨滾蛋。講句不好聽的，只有膚淺的人才會老覺得別人膚淺。我甚至覺得我根本不認識現在的你了；你說我有問題，而且渾身上下沒有優點只有問題，虧你敢這樣講！你自己的問題才大咧。我知道你爲什麼對我生氣，但我還是想開誠佈公，這樣我們才能繼續當朋友。假如我們以後還是要每天每天吵架，我實在無法忍受。

曾經有很長一段時間，你是我的摯愛；我需要一段時間才能把情感沉澱下來，但我想，假如我們彼此有自己的空間，我會比較容易面對。請把你的感覺告訴我，但不要再大吼大叫的了；我無力處理爭執，我也不想吵吵鬧鬧。也請你務必對我誠實。跟我講話的時候，眞的請別再自命不凡了，行嗎？

丹妮爾

寫信人：蕾爾妲・費茲傑羅（Zelda Fitzgerald, 1900-48）

收信人：史考特・費茲傑羅（F. Scott Fitzgerald, 1896-1940），美國小說家，著有《大亨小傳》（*The Great Gatsby*, 1925）

時間：約一九三五年六月

**戀情提要**：兩人於一九二〇年締結連理，翌年女兒出生。婚姻伊始一切甜蜜幸福，但蕾爾妲被診斷出患有精神分裂症；此外，她一直想成為作家，但費茲傑羅不但沒有給予協助，還說她只不過是個「三流作家」。至於費茲傑羅自身也有不少問題：酗酒、債台高築、寫作不順，還得照料精神失常的妻子。費茲傑羅曾和律師討論辦理離婚的事，但兩人最終仍在緊張關係與互不信賴的情況下，勉強維持婚姻關係。

蕾爾妲寫作以下這封信時，正在精神病院接受治療。此信完成後五年，費茲傑羅死於心臟病；一九四八年，蕾爾妲在一場醫院火災中喪生。

**佳句摘錄**：過去我們之間曾有過無窮的溫柔與夢想，如今竟然相對無情與冷漠。

# 一九三六年六月，雪帕德甌伊諾德帕瑞德醫院

永遠的摯愛、最親愛的史考特：

很抱歉，在此向你問候的是一具空空如也的軀殼。想到你爲我所做的努力，卻要面對這種「空洞」所造成的痛苦。除非是行尸走肉，否則任誰都難以忍受。若我還有任何的感覺，這些感覺都化成對你的無盡感激、無邊感傷，哀嘆此生我們最初美好的愛情到最後居然船過水無痕。

你一直對我很好——我只能說：我生命的活水源頭，是你。

記不記得崁尼斯花園的玫瑰？那時你好親切，我心想：「世上沒人比他更貼心了！」而你叫我「心愛的」——到現在都還這樣叫。我們穿越街道時，那面牆潮濕而多苔；我們說著喜歡南方。我想著我不曾擁有的南方生活；我該是屬於南方的。你說你喜歡這塊可愛的地方。圍牆上纏繞的紫藤生意盎然，蔭影底下涼爽怡人，而生命垂垂老矣。

眞希望我那時還能想到別的——但我的思緒混合多端，是一種浪漫憶往的情愫。回到家，心上浮出情有所屬的感覺。拿下帽子，我頭髮溼透了，安全回到家。你很高興聽到我的想法，你的態度好恭敬。回家途中，我們一路都幸福快樂得發光。

現在幸福快樂消失殆盡，家也不存在了，完全沒有過去的痕跡，沒有一絲情感殘

留；如果你那裡還留下任何的什麼，也許可聊以安慰。過去我們之間曾有過無窮的溫柔與夢想，還有你的歌，如今竟然相對無情與冷漠。

我希望你能有一幢種了蜀葵與小無花果樹的小屋，午后的陽光在銀色的茶壺裡閃爍，小女兒穿著白衣裳，在雷諾瓦（Renoir）畫境般的場景裡奔跑。而你在寫書，創作一本接一本。我們還可以拿蜂蜜泡茶喝，不過房子不要蓋在格蘭切斯特（Granchester）。

我希望你快樂。如果世界是公平的，你就該得到快樂。也許你將來會快樂吧——

請一定要快樂，一定要。

一定，一定。

蕾爾妲

即使我不在了、愛情不在了，或生命不在了——我都愛著你。

愛你。

寫信人：凱蒂・菲爾德（Kate Field, 1838-96），美國小說家
收信人：亞伯特・鮑德溫（Albert Baldwin, ?-1896），美國畫家
時間：一八六八年五月

**戀情提要：** 兩人在義大利的佛羅倫斯初次邂逅，其後一度論及婚嫁，但愛情仍在七、八年後畫下句點。此信寄出後，亞伯特拖了快半年才回覆。他在回信中表示，自己會對凱蒂「反覆無常」，乃因兩人「本性十分不合；性格特徵也好、思想習慣也罷，甚至品味、奇想、偏見皆互爲對比、彼此牴觸，難以兼容並存。我實在沒有辦法再若無其事下去了」。三年後，凱蒂在日記裡寫道：「這個人繞了一大圈想叫我原諒他，並再度表白他的愛。我拒絕了他。」

**佳句摘錄：** 敢玩火的人，想必有一副冰冷心腸。

# 一八六八年五月卅一日，紐約第二十七街西一〇八號

距離我最後一次收到你的信已過了五個月；想來，你必然以為我的緘默是出於厭惡或憤慨的情緒。錯。一開始我確實覺得噁心作嘔，因而把你的信擱在一邊，等自己完全冷靜下來再說。冷靜以後卻無法忙裡偷閒，鎮日面對待辦的工作和待應付的諸人，還有一些事情——尤其是狄更斯（Charles Dickens）的事；我正在以書的形式為他留下一系列的照片紀錄——所以我總沒法停下來，把那一刻看清楚。現在我終於能靜下來，把我對你和你那封信的看法好好兒對你說。

首先要讓你知道，我是聽說你病得頗為嚴重，才在長達一年的杳然失聯之後重新與你通信。另一方面是因為當時我對你除了朋友情誼外，再無其他心意，我猜你也明白這點。因此，即便你的信在我看來不但稱不上友善，有時還顯得殘酷，我依舊相信你的為人，往好的那一面去想，把壞的部分歸咎於你的健康欠佳。我們終究是感情的動物啊。

你去年十二月的那封信，早在七年前就該寫了。你那時候沒有動筆，在道德上已然是個懦夫——這點想必你今日自己明白，我也就不再多提，反正現在的我也不在乎了。那個片段已在我的生命中死去，埋葬在地底深處。深入認識了你的真實性格之後，自然使得我對你的友誼消逝殆盡；但你竟在最後一刻自動告解，不再遮掩你的真面目，這倒

讓我心生幾分敬意。

若非你那封信寫得太遲，我不會癡心妄想，以爲從前是我迷戀你的程度超過你愛慕我的程度。所以，我很氣自己，氣自己居然試圖向你鄭重道歉，向你證明我可以只是你的朋友，而我在承受了相當的羞辱之後已從愛情的幻覺裡走出來。如今我明瞭：那時的我並不愚蠢，你確實對我很有意思，因爲我有理由那樣認爲。彼時的我即便少不更事、閱歷淺薄，也不至於毫無根據就以爲別人喜歡我。我想不透，從不幻想能給別人什麼絕佳印象的我，在感情上給予男人最大餘地而鮮少輕信他們說辭的我，竟然會任由自己出現白痴似的表現。

讀完你那封姍姍來遲的信，我確定以前的自己並沒有太白痴，而我辨別常理的能力在過去六年間實在是被自己低估了。謝天謝地，當年我在佛羅倫斯沒有留住你，而你在巴黎時我也沒逗留；倘若那時你向我求婚，我可能就會相信你不是那個糟糕的你而答應下來。然而，我的眼睛畢竟是雪亮的，我不是會乖乖屈從於錯誤事態的人。要是這首變調戀曲繼續彈下去，我們就算沒有離異，想必也是以分居收場。你說你不會結婚，啊，善哉此言；哪個女人活該承受這等悲慘的命運？若你還有點廉恥，只對那些長袖善舞的交際花調情，那你會發現，單身男子的花心損不了別人，卻只傷了自己。我可不苟同那些拈花惹草的人；敢玩火的人，想必有一副冰冷心腸。至於三心二意的人，我也不敢恭維。但時至今日，你的本性如何已經與我無關。請不要覺得我在說教，我這不過是在對你和你的信發表我的看法罷了。情非得已，而且也是最後一次。

我不是上帝，也絕非完美，無意替你把心魔驅逐。你還是有許多優點，此殆無疑；只要你活著一天，我就還對你懷著希望。我相信總有那麼一天，你會厭煩於現在這個日復一日縱情聲色的自己，而開始親近那些眞誠的朋友。你如果願意，可以繼續把我當成眞正的朋友。但我不會再與你打情罵俏，不會再不拘小節地逗你開心，更不會被你帶壞。你必須用最好的那一面來與我相處。而我，不會再容許你寄來絕情殘酷的信。這下子我們把話說清楚了。你當然可以選擇不接受我的條件，但那又何妨，反正我們分手了。往後我們相遇也可以和和氣氣，因爲我會永遠祝福你健康、幸福，靈魂重獲新生。你也有良善的一面，你愈早培養這個善良的一面對你愈好。你大概會覺得好笑，但你要是眞心未泯，當你看見一段美夢煙消雲散，或許也會掉淚吧。

你的摯友

那個一時糊塗的人

# 只是朋友篇

在這類分手信中，寫信人試圖將一段失敗的戀情昇華為友情、或避免友情轉化為戀情、或探詢友誼變為戀情的可能。這類書信環繞著古老的提問：男人與女人之間是否存在純友誼？

寫信人：辛蒂・查帕克（Cindy Chupack），電視影集《慾望城市》（Sex and the City）的編劇
兼執行製作

收信人：瑞克（Rick，化名）

時間：二〇〇一年夏天

---

**戀情提要：**二十七歲的辛蒂對瑞克有意思，但摸不透瑞克的心意。辛蒂隱約知道瑞克只想當朋友，但希望他能親口說明白，因爲兩人其實約會了好幾次，似乎又不只是朋友而已。

辛蒂回憶信中提到的派對時說，那時她戴著安全帽坐在瑞克摩托車後座去找人幫忙打開房門，感覺簡直糟透了。後來，瑞克坦承認識辛蒂後不久就遇見了心上人。

**佳句摘錄：**如果你只想當朋友，那麼我們就當朋友，別來約會那一套，因爲那會讓我想與你接吻，而你又不肯，那我就會像個呆瓜，而這無助於我「成長」，更會阻礙我與其他想親吻我的人交往。我是很喜歡接吻的。

# 二〇〇一年夏天

嗨，瑞克：

我剛從漢普頓的派對回來，想寫信向你澄清一件事。我不確定該不該寫，我也知道你不會每天看email，所以寫了也跟沒寫差不多。這樣說沒錯吧？

你給我的感覺令我有點困惑，但我確定你只想當朋友，因爲：一、你沒吻過我，而且事實上，你似乎避免這麼做；二、你在我面前常常提到另一個女人；而且，三、你不斷提到你希望能結交一群光芒四射的朋友，他們不但做大事，還「登峰造極」。（我不確定你是不是用了這樣的字眼，但印象中你是這樣說的。我還記得，你說我是注定要來啓發你、或與你一同成長、或一同登上高峰、或成爲一同寫作的朋友——但我倆關係也僅限於此。）

所以……如果你只想當朋友，那麼我們就當朋友，別來約會那一套，因爲那會讓我想和你接吻，而你又不肯，那我就會像個呆瓜。而這無助於我「成長」，會阻礙我與其他想親吻我的人交往。我是很喜歡接吻的。

不管怎樣，原本我很高興這個週末有你陪伴一同參加派對，一直到我找不到鑰匙，問你我們接吻會怎樣，卻被你有禮貌而果斷拒絕爲止的那一刻。事實上，當我戴上你備用的安全帽坐上摩托車，讓你載回派對時，我一度想永遠不要拿下安全帽算了，因爲你撞車的機率遠低於你搞砸約會（或是你所以爲的那種約會）的機率，而我卻沒有安全配備可以保護自己。

辛蒂

寫信人：安妮・薩克斯頓（Anne Sexton, 1928-74），詩人

收信人：菲利浦・勒芝萊（Philip Legler, 1928-92），英國文學教授，並著有詩集《闖入者及其他》（*The Intruder and Other Poems*,1972）。

時間：一九七〇年五月

**戀情提要：**一九六六年四月，安妮在一場作品朗誦會上結識了菲利浦。在其後的餐敘上，安妮吃了幾顆藥丸後神智不清，由菲利浦送她回下塌的旅館。菲利浦很快愛上了安妮，當晚就寫了一封情書；但隔天安妮就住進精神病院。隨後幾年，兩人一直維持聯繫。這封信就是在這段連絡期間寫的。

一九七三年年初，菲利浦聽說安妮即將和丈夫離婚，便邀請安妮到他執教的大學舉行個人作品朗誦會。那年七月，兩人在密西根州共度一週的假期，陷入熱戀，直到九月底男方提出分手。同年年底，安妮提出離婚，儘管丈夫擔心她精神狀態不佳而一度不肯答應。翌年十月，安妮自殺身亡。

**佳句摘錄：**我從沒有如此隨便輕浮。我根本不是這種類型的人。遇到眞感情的時候，我非常忠實。

# 一九七〇年五月十九日，黑橡樹路十四號

親愛的菲寶貝：

我一定得燒掉你的信，以銷毀證物……但這不是重點。你的信充滿濃濃愛意，我希望能夠永遠保存。我很清楚，你比大部分的人都愛我。或許比不上我丈夫，畢竟他得和我住在一起。有時我想我應該頒個獎給他，獎勵他這樣容忍我；有時我又覺得他很幸運，因為我天生就是一個可愛而深情的人——雖然有時我也很惹人討厭。

很抱歉讓你陷進來。老天，我真的很抱歉，我不是有意的。你要知道，我從來沒有和朗誦會認識的人上過床……我從沒有一夜情……從來沒有如此隨便輕浮。我根本不是這種類型的人。遇到真感情的時候，我非常忠實。與別人上床就像結婚，需要時間，也需要深思。要是你住在波士頓，或者我住在那個有可愛霧笛的地方……即使是這樣，我也不是很肯定就不會發生。只是當時真的沒辦法。我必須誠實面對自己，也要對你坦誠。況且我必須對抗自殺這個魔頭，實在沒有時間談戀愛。你親眼目睹過我睡覺的狀況——我根本睡不著。你說死亡找上我了，我希望現在這位精神科醫師能夠及時幫助我解決這個問題。

我咻一聲就進入了你的生命。我非常非常高興這件事發生了，我希望永永遠遠都不

要離開你。朋友啊朋友，就把我安置在那裡，永遠的。

……又一天……

我剛剛在外頭殺蒲公英，真是美麗的春日，我想要再出去一次。（我的搖滾樂團）「她那一類」的經理鮑伯要來午餐——說得正確點，是帶午餐給我吃。我等下要坐在樹蔭下（鎮靜劑使得我對陽光過敏），他則會坐在陽光下。真是太棒了。

我上週完成了那個童話故事〈沒有手的女士〉，現在想寫〈糖果屋〉的韓賽與葛莉特。我想把格林童話改寫成充滿了食物意象，但是提到食物，有什麼比把小孩抓來煮、最後連巫婆也下鍋更直接呢？像烤小羊肉般的全部塞進烤箱裡。

明年的朗誦會邀約愈來愈多，我想我只會接其中的幾場。只要讓我有足夠的錢度過眼下難關，又不至於太累就好了。這很難……尤其是那些所謂愛做什麼就做什麼的非正式課程，我最沒興趣，這就麻煩了。但是，菲，那幾天因爲有你，我才能順利完成，謝謝你。那次住的假日飯店是我住過最棒的。我還記得那些鬼氣森森的霧笛，我也記得你幫我蓋被，還溫柔地拍我的頭。我怎麼忘得了呢？

愛你，親愛的

安寶貝

寫信人：英國的瑪格麗特公主（Princess Margaret），英國女王伊莉莎白二世（Elizabeth II）的妹妹

收信人：羅賓・道格拉斯—荷姆（Robin Douglas-Home），前英國首相的姪子

時間：一九六七年

**戀情提要：**瑪格麗特公主懷疑她的丈夫斯諾登伯爵（Earl of Snowdon）有外遇，但她自己也與羅賓有過一段短暫熱戀。斯諾登伯爵知悉妻子紅杏出牆後勃然大怒，夫妻發生嚴重衝突，瑪格麗特公主便寫了以下這封信和羅賓分手。這封信完成後過了一年半，羅賓服藥自殺，死在他曾和瑪格麗特公主溫存過的床上。而瑪格麗特公主則在一九七八年與斯諾登伯爵離婚——這是繼亨利八世與克勒弗公國的安妮公主離婚以後（參見第207頁），英國皇室第二樁離婚事件。瑪格麗特公主於二〇〇二年逝世，享年七十一歲。

**佳句摘錄：**你是好人，也很專情；請相信我，不管我做了什麼或說了什麼，我也是好人，也很專情。

# 一九六七年三月廿五日

親愛的：

我從來沒有收過像這樣的一封信，我想也不會有其他人寫過。信寫得好美好棒，信上的詩句讓我心魂蕩漾……每一分每一秒我都想著你……你知道，我願意為你付出一切，只要你快樂，不要你傷心……你也知道，我無時無刻都想要你……相信我，也相信你自己；像我愛你一樣地愛我吧！我們的愛，就像剛剛整理過的草地一樣散發著熱情的氣息，草地周圍種了一圈百合……這樣的愛，只有極少數幸運的人才有機會經歷，眞高興我遇上了……總有一天，我會想辦法再回到你身邊，但目前我不敢這麼做……你是好人，也很專情；請相信我，不管我做了什麼或說了什麼，我也是好人，也很專情。親愛的，獻上我全部的愛。

M.

寫信人：希薇亞・普拉斯（Sylvia Plath, 1932-63），美國詩人

收信人：菲利浦・麥克迪（Philip McCurdy）

時間：一九五四年二月

**戀情提要：**兩人在希薇亞十四歲時相識，成爲無所不談的好朋友。希薇亞在一九五二年的日記裡提到，有一次她與菲利浦同時彎身撫摸麥克迪的狗時，不小心碰觸到對方的手；這使得她心中暗忖，兩人會不會不只是朋友。根據《初級魔法》（*Rough Magic*, 1991）這本傳記的說法，希薇亞在一九五四年與相識了八年的菲利浦發生親密關係，但是希薇亞在那之前幾個月前曾經企圖自殺，所以她認爲兩人暫時還是當朋友就好，於是寫了以下這封信。

希薇亞的處女詩作〈夏天不再來〉描述一位年輕女孩愛上了網球教練，其中男主角就有菲利浦的影子。希薇亞在一九六三年自殺。

**佳句摘錄：**接吻雖然可以只是肉體的動作，僅僅出於生物追求享樂的本能，但也可視爲進一步追求性靈契合與互相悅納的象徵。困難在於如何分辨同一肢體動作的兩種不同意涵。

## 〔史翠特與史密斯出版公司〕

To：小菲

From：小希

Subject：生活概述

Date：一九五四年二月四日

嗨，我現在覺得自己非常淘氣，不像平常正經八百的，因爲我把最喜歡的辦公室內部用箋當信紙用，整個夏天我都忍不住一直用。我相信你夠了解我，不至於介意我這個小癖好，也不會介意我喜歡用打字機打私人書信，就像現在這樣。

我說，你該覺得光榮的，因爲給你的這封信，是我搬到新住處以來一長串可以從這裡排到哈佛的待回覆名單上的第一封信。希望你不討厭黃色信紙。我喜歡在特別的東西上面寫字，譬如樺樹皮之類的。

今早收到你的來信，寫得好極了，讓我喜悅莫名。我開心是有原因的，你什麼都寫得那麼好，我常被你的說理打動……你用的信紙也讓我覺得你我在太多事上的品味是如此相近……點點滴滴，小至素材，大到人生哲理。我喜歡印有紅色信頭的灰色信紙（我自己也有一些），我也只用黑色墨水。這都是小事，但很有意思。

在進入心裡話及討論人生哲理之前，先交代自上次與你見面至今所發生的事。不記得星期六通電話時有沒有跟你說，我上星期天在郭克家消磨了一下午，氣氛輕鬆愉快，壁爐裡的通紅火焰噼啪作響。郭克太太以熱茶和覆盆子餡餅款待我，郭克先生學養豐富。小黛博拉很活潑可愛，我們馬上就打成一片——後來她知道我不能留下來吃晚餐時還很難過。我們一起討論艾略特（Eliot）的戲劇，並聆聽佛洛斯特（Robert Frost）的珍藏版錄音。詩人佛洛斯特的音色和他的詩作非常匹配，他的聲音有花崗石的粗獷質地，也像樹皮的紋理，彷彿他倚著籬笆跟鄰居閒聊似的分享他的鄉居生活之趣。總之，我那天度過了一段愉快的時光。

和你講完電話後，華倫開車送我去史密斯那裡。那時風大雨雪又急，差點發生嚴重車禍，事後半小時我仍面無血色，全身顫抖。當時車子開進北安普頓，遇上黑沈沈的暴風雪，又沿著天堂池（這名字夠諷刺吧）旁陡峭的斜坡野地急馳而下。這時車子開始打滑——我從未經歷過這種狀況，希望以後不要再碰到。車子沿著斜坡的一側高速衝下山，車身失去平衡無法操控，情況危急萬分。眼前只有三種可能，每一種都可能造成傷害：或撞碎左邊綠色小屋的窗戶，或撞上停在屋前的車子，或滾下陡坡掉進天堂池。我只記得口中喃喃自語「……喔天哪天哪天哪天哪……」。車子轉了幾圈最後停了下來，車頭朝著上坡，對著剛才開來的方向。幸好沒事，圓滿落幕，就像莎劇《皆大歡喜》那隻吞下最後一隻金絲雀的貓所說的話。

我現在還住在以前的房間，只是目前它由我個人獨享。兩個書櫃擺滿了書，和煦的陽光由三面大窗灑下。我衷心喜愛目前所修的課程，包括美國早期文學、由知名文學評論家戴維斯所教授的現代美國文學、由一位優秀的德國女老師所教授的十九世紀歐洲思想史、俄國文學，以及中古藝術史。

老實說，我眞希望你能找個時間來我這裡，旁聽一些我修的課，我相信你也會很喜歡。下午的空閒時間（我的課都在早上）我幾乎全花在買書及添購裝飾品，好把房間妝點出家的味道，或是與師長約談——大家都展開雙臂歡迎我回去，眞是一群友善的人啊！

莉絲沙．歐姆斯特德（不知有沒有寫錯）跟我住同一棟，她是個長得很標緻的女孩。事實上所有大學部的同學都很聰穎而友善。

雜事就寫到此。假如你跟我一樣對這些拉里拉雜的生活小事很沒有耐性，前面都跳過不看，希望我趕快講點內心的、抽象的東西，我這就說了。

你談到不知將來是否有機會相見，這不用懷疑，我也很希望將來能經常見到你，因爲你是我最喜愛的人之一，將來也極可能一直都會是。如果你想利用週末來看我，隨時歡迎，但請預先告知，我會挪出比較長的時間陪你散步和聊天。在三月二十四日放春假以前，我不確定是否能挪出時間回家一趟，希望能夠。如果我要回家會先通知你，再找個你方便的時間聚聚。

至於我們相當特別的夜晚時光，任何違離默契的行爲或「儀式」都滲入了複雜因素——因爲有鑑於相處時光的內容已經改變，故需針對我倆相處的意圖加以考量，並重新評估情勢。因此，即使我倆晚間共度的時光或已引發了棘手的問題，問題卻仍可望解決。

我們過去可說是「柏拉圖式」的相處，一起散步、打網球、騎自行車；就理想和智識層面而言，我個人相當滿意。我想，這種柏拉圖式的交往應該可用不涉男女色彩和肉體慾念的方式延續下去，只要不斷添加新火種（屬於心理層面），只要我們都繼續追求個人成長，相信我們可以一直是好朋友……

但最近我倆的關係添加了新成分，這新成分在本質上是令人愉悅的，但它使得問題變複雜，而這也許是不智的。菲，你我都很清楚，兩性會受到彼此肉體的吸引（這話說來有賣弄哲理的意思，也是比較好聽的說法）；我們甚至也接受短暫而不實在的肉體關係所帶來瞬間的歡愉。然而，接吻雖然可以只是肉體的動作，僅僅出於生物追求享樂的本能，但也可視爲進一步追求性靈契合與互相悅納的象徵。困難在於如何分辨同一肢體動作的兩種不同意涵，有時愈想用心分辨卻愈混淆不清。這就像你提過的，想賦予某些字句嶄新而仍然眞確的意義時的情況。我認爲不容易做到。

也許我們可以在各種不同類型的男性（或女性）身上都得到滿足，然而像我倆所曾擁有的這種屬於精神和心靈（眞氣人！聽起來好老套）的關係實在難能可貴，相較之下更該加以維持。既然肉體關係會把我倆情誼變得如此複雜（而我們都希望這段情誼能持續到未來），所以我們最好回到從前，就停留在從前吧。哎，我也不知道了。菲，我實在不想因此破壞了可以深入認識你的機會，可是，怎麼說呢，親密的肉體關係是這樣不切實際又難以爲繼（理由很多），也不容易再回到最初的友誼。我不希望有任何像這類的情事再發生。也許我們還是可以繼續見面——一同上課、看戲、跳舞或只是聊聊天打打網球，至於其他都不該再發生。我不知道你怎麼想，也許下次見面時可以長談，你知道有些話當面說比較容易。

無論如何，我希望我前面企圖解釋一點我對於整個事態發展的感覺，聽起來還算連貫。

我很喜歡收到你的來信，菲，也期待我們很快能再聚首。同時要告訴你，你是我至愛的人……

不變的　希

寫信人：芙蕾亞・史達克夫人（Dame Freya Stark, 1893-1993），兼具旅行家、探險家、間諜、作家及中東問題專家等多重身分

收信人：史都華・普朗（Steward Perowne），英籍殖民地官員及作家

時間：一九五一年

**戀情提要：**芙蕾亞在一九四七年與史都華結婚；當時她五十四歲，比史都華大了八歲。婚後不到六個月，芙蕾亞已經開始向朋友抱怨她的婚姻生活不美滿；她只要稍稍活潑一點，史都華就不高興，而且常常冷落她。翌年，史都華向她表白——他其實是同性戀。

其後兩人分居五年，於一九五二年春天離婚。

**佳句摘錄：**我們是這樣要好的朋友，眞心相待而信實不移，就請你只把僞裝帶走吧。

# 一九五一年三月十九日，義大利奧茲維

親愛的：

我們之間的一切實在是令人傷感卻又草率。我長久以來一直覺得事情不能再這樣下去，也一直在等待時機找你談或寫信給你。若你認爲我是在小題大作或是在撒嬌，我是無法接受的。我還希望你也願意把這件事放在心上，能在我離開前告訴我。

不知道是誰的錯，而誰對誰錯都不重要了。如果只是單純婚姻失敗，那倒好辦得多。我們都是獨立的人，分開之後可以再繼續各自的人生。我是眞的關心你，但我試著當個局外人，儘量不帶偏見來客觀評斷整件事。

讓我們還是作朋友吧，而且不僅僅是點頭之交，最好我們能成爲一輩子的好朋友，我對你不存其他感覺，唯有一片眞情。

這封信被我擱了一天，本來不打算寄；但是我們之間一定有一些東西是眞的——我現在說的這些就是眞的。別讓我們彼此之間有變化，我們是這樣要好的朋友，眞心相待而信實不移，就請你只把僞裝帶走吧。我希望你以後常來，你知道這兒是你眞正的家。

愛你的芙蕾亞

寫信人：西蒙・波娃（Simone de Beauvoir, 1908-86），女性主義作家，著有《第二性》（*The Second Sex*, 1949）

收信者：尼爾森・艾格林（Nelson Algren, 1909-81），作家，著有《金臂人》（*The Man with the Golden Arm*）

時間：一九五〇年

---

**戀情提要：**波娃於一九四七年客居芝加哥時，愛上了自己口中「典型美國人，表情呆板，動作僵硬」的尼爾森。同年五月，波娃返回巴黎，這對戀人只好藉著頻繁的書信往返和兩地奔波來互通款曲。一九五〇年七月，波娃到芝加哥找尼爾森，卻發現他態度冷淡，並宣稱他永遠不可能再與女人相愛。尼爾森無法接受聚少離多的感情，於是與前妻復合；兩人於一九五三年二度結縭，但兩年後二度離異。

以下這封信是波娃在一九五〇九月由美返法的旅途中所寫。波娃在自傳裡提到，她離開芝加哥之前曾告訴尼爾森，她覺得此行很愉快，很開心彼此仍然是朋友，而尼爾森回答她：「我們不是朋友，我能給你的只有愛情，別無其他。」雖然話是這麼說，兩人在波娃的英文版自傳於一九六五年在美國出版之後，已經完全斷絕往來。

**佳句摘錄：**我不會開口要求見你，這不是因爲驕傲，你知道我在你面前沒有驕傲可言；而是因爲，唯有你也想見我的時候，我們見面才有意義。

# 一九五〇年九月，紐約林肯旅館

我最親最愛的尼爾森：

你一離開，就有一位男士微笑走來，交給我這朵美麗的花，附上兩隻小鳥和尼爾森的愛意。這讓我方寸大亂，想「不再哭泣」也難。不過，比起板著臉孔生氣，我更擅長於不落淚的悲傷。你看，我的眼睛到現在都是乾的，乾的像燻魚一般，而心裡卻已經糊成一團。天候不佳，在機場等了一個半小時，從洛杉磯來的班機無法在大霧裡降落。你離開是正確的；最後的等待總是太長，但是你能來眞好。謝謝你的花、謝謝你來送行，更謝謝其他的一切。等待的時候，我把紫色的花別在胸前，假裝在讀偵探小說。然後飛機起飛了，旅程相當平穩，一點搖晃都沒有。我從頭到尾都沒睡著，一直裝作在閱讀偵探小說，卻暗自在我愚蠢的心裡再三深情撫觸你。

紐約好美，溫暖燦爛，卻也陰沈灰暗。多麼迷人的城市！我不想去布列塔尼（Brittany）那塊傷心地，我這次住的是三年前落腳的林肯（Lincoln）。那時我在整個新大陸一個人都不認識，也沒料想到有一天自己會情困芝加哥。我正好住進和三年前一樣的房間，樓層較高，但方位和室內配置都相同。發現置身在遙遠的過去，有種奇怪的感覺。我跟三年前一樣去了美容院。旅館一樣冷清，而美容院也空空蕩蕩。我幫奧爾加買了鋼筆，他今年十四歲了。很高興你給我那麼多美金，我會好好用這些錢。我沿著第三大道走了好久。兩年前的最後一晚，我倆一同走完這條街，走遍了布列塔尼。這一次，我走到哪裡都看到你的身影，看到什麼都想起你。我在華盛頓廣場公園閒逛，看到跳蚤市場，還有人在賣品質不佳的畫作。我搭上第五大道巴士，看著夜色降臨紐約。

現在是晚上九點。下飛機後我只吃了一點三明治，離開華邦斯雅（Wabansia）就沒闔過眼，眞是累壞了。我到房間裡寫信給你，並喝了點威士忌，可是現在我還睡不著。我覺得紐約就在身邊，而身後是我們倆的夏天。我等下會去睡覺。我會邊走下樓邊作夢，直到筋疲力竭爲止。

我不傷心，只是嚇壞了，變得一點也不像我自己，也不能相信你離我如此遙遠，而又如此靠近。在結束這封信之前只想告訴你兩件事，此後我保證絕口不提。首先，我渴望將來能再見你一面。但請你記得，我不會開口要求見你，這不是因爲驕傲——你知道我在你面前毫無驕傲可言——而是因爲，唯有你也想見我的時候，我們見面才有意義。所以我會等。等你想見我的時候，請告訴我。我不會假設你將重新愛我，更不求同床共枕；見面的時間也不必太長——等到你想的時候，看你高興見面多久——但請你放在心裡：我永遠會期待你開口。我無法想像再也見不到你會是什麼景況。我已經失去了你的愛，我是那麼痛苦，我不能再失去你。不管怎樣，尼爾森，你所給我的對我意義重大，那些是你永遠收不回去的。你的溫柔與友情是那麼珍貴，至今我看著我內心深處的你，都還能感受到那份溫暖喜悅和濃烈的感激之情。希望這份溫柔與友情永遠永遠不會離我而去。至於我，我知道這樣說很丟臉，也顯得莫名其妙，可是這是我唯一想說的眞心話：我對你的愛戀就和我陷入你令人失落的臂彎時一樣不減少一分一毫，包括我的整個人和整個污穢的心都是愛你的。不過，親愛的，這跟你沒關係，也別覺得有義務回信，你想寫的時候再寫，只要記得，你的信永遠會讓我開心。

哎，一切文字都太笨拙。你似乎離我好近好近，就讓我靠近你吧，讓我像過去一樣，永遠忠於自己的心。

你的西蒙

寫信人：伊莉莎白・魏芙（Elizabeth Waugh,1894-1944），畫家及作家
收信人：艾德蒙・威爾森（Edmund Wilson, 1895-1972），作家
時間：一九三七年

**戀情提要：**伊莉莎白在美國麻州普文斯鎮（Provincetown）認識艾德蒙時，已經有一個從事藝術與織品設計工作的丈夫。艾德蒙漸漸愛上了伊莉莎白，伊莉莎白起初頗爲抗拒這段感情，如同以下這封信所顯示。但艾德蒙鍥而不捨，後來終於在一九三七年二月得以一親芳澤；不過這段婚外情在同年戛然而止，因爲艾德蒙很快又愛上了作家麥卡錫（Mary McCarthy），後來並娶她爲妻。伊莉莎白當年寫給艾德蒙的信件，後來集結成《公主金髮飄逸》（*The Princess with the Golden Hair*, 2000）一書。

**佳句摘錄：**街上的男人，各形各色的男人，一看到我就不肯移開目光；但我已不年輕了，所以我想或許是因爲我看起來很怪吧。

# 一九三七年一月廿三日，紐約

親愛的小兔：

我一直在想你。這四年來，我似乎只想著你，沒有別人。我也一直想著殺人，感覺自己彷彿犯下了殺人重罪，真恐怖。你說得對，我的想像確實太過真實了點。我覺得我們好像已經有一段情；我們好像曾因爲我沒空多陪你而大吵特吵；我們的朋友好像會用不懷好意的眼光看穿我們；一切似乎都被柯爾頓發現了（去年夏天，他聽見我偷偷打電話給你）。我彷彿預見了許多事情，但細節都太令人瞠目結舌，不提也罷。

放開我吧！你該看見了我眼中的悲傷——應該說是我心裡的悲傷。你有沒有看著電燈泡爆開而差點把眼睛弄瞎的經驗？如果讓我承受太多太多的情感，我想我也會瞎掉。我跟別人不一樣，我的人生也跟別人不同。街上形形色色的男人，一看到我就不肯移開目光；但我已不年輕了，所以我想或許是因爲我看起來很怪吧。

這對你和對我來說都一樣難。我知道你需要我，我也需要你啊，但是這會給你帶來一場大麻煩。正因你愛著我，你會嘗到一輩子沒嘗過的悔恨。我已經準備好徹底結束這一切，但我不想做得太絕情。我希望你幫這個忙。你非幫不可。

又：我現在可以提筆作畫了。或許，我的天份才是我該縱情的那張床。

寫信人：史黛拉・鮑溫（Stella Bowen, 1893-1947），澳洲藝術家

收信人：福特（Ford Madox Ford, 1873-1939），英國作家，著有小說《好軍人》（*The Good Soldier*, 1915）及《遊行的盡頭》（*Parade's End*, 1950）

時間：一九二八年

**戀情提要：**一九一八年春天，兩人在一場作家與藝術家的聚會中相遇並相戀。由於福特的妻子始終不肯離婚，所以福特和史黛拉一直沒有結婚，但在一九一九年開始同居，並生下一女茱莉。後來，一方面福特移情別戀，再者史黛拉也逐漸受不了福特的挑剔苛求個性，兩人在同居九年後分手。史黛拉說過：「誰都可能會繼續愛著一個已經移情別戀的人，並且深感痛苦。」但這份關係破裂帶給她的不只是痛苦，還有一份省思：「兩人不再相愛，是件微妙且意義重大的事，並且和兩人相愛一樣大有裨益於智慧的增長。」以下就是史黛拉爲了理清思緒，而在前往法國南部旅行途中所寫的一封信。

**佳句摘錄：**你反對我和她「一人一半」，我也認爲這樣行不通。但我又沒辦法假裝完全沒這回事，所以我想我們之間勢必來個公開決裂了。

# 一九二八年四月十八日

親愛的：

我覺得應該儘快給你明確答覆，好讓你做人生規劃，也免得你一直承受不確定感所帶來的壓力。

你反對我和她「一人一半」，我也認爲這樣行不通。但我又沒辦法假裝完全沒這回事，所以我想我們之間勢必來個公開決裂了。

我回巴黎後會告訴大家：我等你搬走之後才回去，因爲我們已協議分手。我不會編造出「我甩掉你」之類的謊言，也不會用「離婚」這個字眼，除非被迫要對小茱莉或佣人、陌生人交代。我不說「離婚」並非故意跟你的新歡R過不去，而是人人都知道我們沒有結婚；再加上你的舊愛薇歐蕾早就把有沒有結婚這話題吵爛了。我現在若再使用這字眼，不僅毫無尊嚴而且十分可笑。

我無法假裝若無其事。除非我說出眞相或保持沉默，否則我沒辦法做人。你知道我守口如瓶！如果被問急了，我可能會說，你的興趣已經轉移到紐約去了，不能常常留在巴黎，因此我要求你放我自由。而你可以說是我太獨立了……請自由發揮。

我不想帶頭說你和R的事，更不會說你們兩人的壞話。我們擁有美好的過去，所以我既不想也不願意中傷或詆譭你。而且我希望你記住自己說過的：只要我願意，就可以跟大家說我們還是好朋友，依然保持聯繫，也時常見面。這樣會對茱莉比較好，我也會比較開心。你說R可能會反對你繼續跟我做朋友，所以我們只能做做樣子，以免傷及你的公眾形象。你的形象是一定會受損的啦，不過，如果我們對外宣稱彼此保持良好關係，我也儘量去了解你目前的寫作情形，以應付人們詢問，屆時輿論可能會比較緩和。我想R自己要有點風度，我已經盡可能給她留餘地了！

別逼我扮黑臉。我不喜歡那種感覺。

如果到時候大家都知道我們是因爲R而分手，我希望大家也都能了解你並不想和我公開決裂，是我說要分手的。

當然我很清楚，要求分手的既然是我，我也就沒有權利限制你的行動。我只希望你有所節制，不要帶R去我們巴黎的朋友家中作客，也不要大剌剌和她一起住在我和茱莉住處附近。

親愛的，其實我在離開巴黎之前就做了決定，但是我不想在那時候和你談，怕我們都會深受傷害。不過下定決心之後，我的滿腹委屈都不見了，我只是同情你，也很希望你能幸福。其實我是因爲你要求我作假才會反應那麼激烈，別把我想得太壞。我很高興曾經和你攜手共渡一段人生路，也因此才會有茱莉。我從這段經歷之中學到許多！分手之後，我會全心全力照顧茱莉，只希望你能偶爾回來看看她，和她共享天倫之樂。

親愛的，除了祝你好運，我現在無法爲你多做什麼了。這個決定帶給我心靈的平靜，希望也能爲你帶來平靜。請別要求再見面做最後討論。下周我會經過巴黎，誰也不見，直接去市長室把事情辦妥。希望受洗事宜依照原定計畫進行。我會對茱莉說，我和朋友坐的是直達火車，沿途不靠站。

下一封信我會再交代其他細節，一旦普羅旺斯那邊的新址確定，我也會馬上告訴你。再會了，吾愛。一定要跟我一樣，偶爾想起我們曾經非常快樂的日子，並且長保我倆友誼。願上帝保祐你——

史黛拉

寫信人：莎拉・伯恩哈特（Sarah Bernhardt, 1844-1923），法國名伶

收信人：尚・莫涅—梭利（Jean Mounet-Sully, 1841-1916），以飾演伊底帕斯和哈姆雷特等戲劇角色著稱的男演員

時間：一八七四年

**戀情提要**：一八七二年，尚擔鋼演出拉辛（Racine）的悲劇《安德羅馬克》（Andromaque）男主角。有一次在排演場上，莎拉主動趨前讚美他的長相俊美，並邀請他晚上到家中一敘。此後兩人發展出狂熱的愛戀，但在尚發現莎拉拒絕承諾和她輕浮的本性後感到憤怒又失望。一次兩人再度對這段戀情何去何從的問題發生爭執後，莎拉寫下此信。

**佳句摘錄**：親愛的，你必須知道一件事：我生來不是要為男人帶來幸福的。我注定要不斷尋找新的刺激、新的情感，直到耗盡生命，年華老去。

# 一八七四年一月

我實在無以辯解，我也早已明確告訴你：我不再愛你。我握住你的手，求你接受以友情代替愛情。所以，你爲何怨我怪我？一定不是怪我的誠實。我一向對你坦白，從未有過欺瞞。我曾經一心一意屬於你；是你不懂得把握屬於你的東西，那是你自己的錯。

另外，親愛的，你必須知道一件事：我生來不是要爲男人帶來幸福的。我注定要不斷尋找新的刺激、新的情感，直到耗盡生命，年華老去。這實在非我之罪。事後的清晨，我和前晚一樣空虛。我的心渴望更多刺激，且是一般人所不能給的刺激。我脆弱的肉體因愛而耗竭，但那些又從來都不是我夢寐以求的愛戀。

此刻，我消沈到了谷底。生活似乎已然停擺。我感受不到喜悅，也感受不到悲傷。我希望你就忘了我吧。我還能怎麼辦呢？你千萬別生我的氣。我是個不完整的人，但內心裡是個好人。如果我能夠不使你受苦，我當然會這麼做。但你強求我給你愛，是你扼殺了我們之間的感情！

我求你，尙，我們就當朋友吧。

寫信人：桃樂思・奧絲朋（Dorothy Osborne ,1627-95）
收信人：威廉・坦波爵士（Sir William Temple,1628-99）
時間：一六五三年

戀情提要：桃樂思的父親忠誠擁戴英王查理一世，算是個政界人物。威廉爵士在一六四七年渡過英吉利海峽前往法國的旅程中認識了桃樂思，兩人漸生情愫，但雙方家庭並不贊成。桃樂思的兄長不斷爲她引介富家子弟，但是桃樂思和威廉瞞著家人祕密交往，由傭人爲他們送信。兩人在這段感情中頗受折磨；從以下這封信看來，他們不再期待能結爲連理，只求能繼續維持友誼。事實上兩人最後終成眷屬，在一六五五年成婚，後來威廉還當上坎特伯里大主教。

**佳句摘錄**：我們的愛情無比純潔，唯一的罪只在於世間容不下這樣的愛。

# 一九五三年十二月八至十日，星期四至六

先生：

經過整夜苦思，我決定也要讓你一嘗讀信之苦，報復一下你的來信所帶給我的不安。但我寫這封信時的心情是冷靜的，毫無戲謔之意。我要告訴你，我認眞思考過我們之間的苦戀，實在看不出任何希望。我們似乎只有屈服於無可避免的厄運，屈服於無法突破的障礙；如果我們抵抗，必定會導致毀滅。不用我說你也知道我是多麼愛你；不用我說你也了解你的溫柔滿足了我的生命。你是我生命中唯一的快樂，也是我生命最大的寄託。我們的愛情無比純潔，唯一的罪只在於世間容不下這樣的愛。這眞是一種懲罰。

我這些領悟並非出於心情抑鬱，也不是被旁人說服的結果。這是我在理智猶占上風之際，自己掙扎苦思的結果。或者也可以說，我受夠了，我徹徹底底屈服了！我希望一切就此結束。除了還需要說服你之外，我別無牽掛。我告訴自己，你的判斷終究會讓你同意的，因爲你是那麼理智的人。你會爲了我好、爲了名譽而照做，但我希望你也是出於智慧和爲了自己好而接受我的勸告。這不表示我在推卸責任，也不代表我有絲毫的退縮。絕不！我依然是你的朋友，一如以往。

我們之間的事，我來來回回想了許多，我認爲該這麼做。我們認識的時間夠久了，

我確定你所具備的特質足堪成爲一位絕佳的朋友，我也要努力讓你對我有相同的看法。但是，我要你在做這個決定的時候是心平氣和的，如此一來你才能獲得平靜，未來才不會有憾。我們尋尋覓覓想得到的無非幸福，然而，若無法面對個人的現實情況，一切均屬枉然。我們不要想望那些不可能得到的或是不應該得到的，否則只會爲心靈帶來空虛與痛苦。雖然沒有聖經可資佐證，我以我淺薄的知識斗膽說出下面這個故事。

旅者問牧羊人：「天氣會變成怎樣呢？」牧羊人向旅者吹噓說，他想要什麼天氣就會有什麼天氣。說白一點就是他想要的天氣就是上帝想要的天氣——也就是說，上帝喜歡的天氣，他也會喜歡。

牧羊人以俚俗的話語說明了重要的道理：在生活上依循自然律，就足以讓他成爲世界上最快樂的人。抗拒自然，是絕對不會快樂的。我們常批評野心人士所做的蠢事，他們努力追求一些無望的事，即使得到了也朝不保夕。這種人有的很貪心，有的很驕傲，有的很固執，總是特立獨行；有些則錯在強求，雖然所求之事本身純正，一旦過於牽強卻變成了罪惡。

我想你是最後一類的人，我也是。我們靠著渺茫的希望撐到現在，我常會驚訝，這一點點的希望是如何支撐起我們這麼沉重的不幸；但是熱情給了我們額外的力量，很多人身上都可以看到這一點。我想我們瘋狂的程度尤勝於一般人，這絕非自我吹噓。如果我們因只追求心中最熱切渴望的一件事物而失去了整個世界，失去了生命中的安靜與祥和，而實際上獲得那物事的機率是如此渺茫——猶不論許許多多枝節的意外必然會讓我們與那物事失之交臂——那麼我們的努力又有什麼用呢？更重要的是，這正是理性和宗教訓勉我們要善自控制的地方，也是我們異於禽獸之處。冷靜想想，僅僅從這一點就足以看出我們的相戀是錯誤的，我們應該設法彌補。如果別人問我，我會爲自己辯解，說這樣的決定並非因爲我輕浮善變，也不是因爲我們興趣相異。但對你我只能說，不要勉強接受我的想法，也不要因爲可憐我而接受，因爲你深知我心，我從來不需隱瞞，無數的表白已經見證了我對你的眞心。我們本來不是一般的朋友。我要你做出自己的決定。我們的觀點從未相左，若是在這一點也有相同看法，若是我們決定捨去激情，保留單純友誼，豈不更好。若能這樣，不知會有多快樂，因爲我們不必再擔心意外枝節會對我們造成傷害。我們就不必接受命運的擺佈，不再偷偷摸摸，而得以自由自在過活。我希望我能保有你這個朋友，一個我最看重、最敬佩的人。你我之間有最珍貴的友誼，我希望你也一樣把我當成永遠的朋友。

你最忠實的

桃樂思・奥斯朋

寫信人：妮儂・狄安可斯（Ninon de L'Enclos, 1616-1706），法國交際名媛
收信者：查爾斯・狄思維納侯爵（Charles de Sévigné, 約1649-?）
時間：約一六七〇年

戀情提要：曾有一本《情書選集》（*Love Letters: An Anthology*, 1976）指出，以下這封信是妮儂寫給查爾斯之父的。在查爾斯年幼時，妮儂確實曾與老侯爵有一段情。但根據妮儂的傳記與查爾斯母親瑪麗夫人的傳記所述，以下這封信應該是寫給查爾斯的。

妮儂與查爾斯之間的關係如何，後人無從得知。根據《妮蘭・狄安可斯多采多姿的一生》（*The Illustrated Life and Adventures of Ninon de L'Enclos*, 1849）這本傳記指出，查爾斯請妮儂教他有關戀愛、求愛和獻殷勤的事之後，兩人開始通信，並漸漸發展出其他關係。兩人可能曾經有過愛情或是肉體關係，但即使有也十分短暫。無論眞相如何，後人知道的是：兩人曾通過信，而在以下這封信上，女方拒絕了男方的感情。

妮儂最爲後人所知的是擁有眾多重量級的情人，包括波旁王朝王子和幾位當

時的知名作家。妮儂與查爾斯於一六七一年分手後，從此遠離社交圈，縱情於藝術，並主持頗負盛名的沙龍。關於愛情她說過：「我總是對我的情人發誓，我會永遠愛他們，但我的永遠不過就是一刻鐘。」

**佳句摘錄：**即使你能深入發掘我的與眾不同之處，最後你也會覺得太不值得——先把話說清楚，我太貴了，我沒有辦法不花錢。

# 一六七〇年

我發誓，如果你再像最近這樣繼續跟我不正經，我馬上就與你斷絕來往，永遠絕交。你是著了什麼魔，敢與不在場的人競爭？有人曾像我昨天晚上那樣受到取笑及挖苦嗎？你還沾沾自喜，以爲我一定會很生氣，其實我不痛不癢。我不知道你在想什麼，但有件事我很確定：你在浪費你的時間。因爲我對你的熱情早已煙消雲散，而且也永遠不會愛你。沒錯，先生，永遠不會。對著別人說他們自己置身痛苦之中而需要撫慰，實在是可笑之舉。我們如何能評斷別人的感覺，以爲自己知道的比他們本人更清楚！好比鞋匠假裝知道客人的鞋在哪個部位會夾痛腳一樣。

但我們還是正經點談談這件事。拜託，好好反省一下你的愚行。想想看，我讓你當我的朋友已經是夠慷慨仁慈了，不是嗎？對於一個自居心靈導師的女人而言，豈能自貶身分當你的情婦？你這個放蕩浪子，如果年輕美貌的女子尚且不能留住你的心，那麼像我這樣的老女人要用什麼來拴住你？也許你只是想征服我，想知道愛情的實際與理論是否一致。別麻煩了，我可以直接滿足你的好奇心。

你一定知道，女人是言行不一的，這你早該從我身上學到教訓才對。我教過你那麼多有關愛情和女人的事，但你別想在我身上如法炮製。想法與感覺大爲不同，行動與理論也不能一概而論。你會發現我的喜好與眾不同，很快就會把你累壞。你或許可以了解世界上所有女人，但偏偏就是不懂我妮儂的心。相信我，即使你能深入發掘我的與眾不同之處，最後你也會覺得太不值得。你把我的「價碼」定得太高，我先把話說清楚：你對期望本身期望太高，遠超過我所能達到的。我太貴了，我沒有辦法不花錢。你放聰明一點吧，宮廷裡有那麼多年輕美麗的女子任你挑選，與她們在一起絕不會有較勁過招的風險。

但我承認，要是你今天來看我，我應該會很高興。因爲我整個下午被古今之爭煩死了，元氣大傷，到現在還恢復不了，所以倒可以接受你的問候。不過我還不至於淪落到鎮日作科學研究，更不會讓自己被活埋在古物堆中。如果你能表現得更理性些，說話時多點幽默感，我倒覺得有你作陪眞是樂事一樁，隨時可以在嚴肅的場合裡打個岔什麼的，讓氣氛輕鬆一點。但你這麼任性又放蕩，我差點兒不敢邀請你共進晚餐呢。現在大約是清晨兩點鐘，我想這封信中午可以送到，所以別弄錯了，我約的就是今天晚上。

你現在還怨我嗎？我不也答應跟你約會了嗎？這封信寫得這麼隨興，目的就是要告訴你：我一點也不怕你，而且我對於你的求愛只會一笑置之，當作消遣。你應該知道我不是輕易可以到手的女人。我早看透你了。再見。

# 移情別戀篇

這類分手信的寫信人或收信人對另一方不忠；不論此不忠是確有其事，或純粹只是另一方的想像與猜疑。

寫信人：凱瑟琳・戴希爾（Catherine Texier），作家
收信人：喬爾・羅斯（Joel Rose）
時間：一九九六至九七年

**戀情提要**：凱瑟琳的丈夫喬爾愛上了因工作而結識的出版社編輯，遂逐漸疏遠妻子。以下這一長篇，摘錄自凱瑟琳所著的《決裂：愛情的結局》（*Breakup: The End of a Love Story*, 1998）一書，該書基本上就是寫給她前夫的一封長信。

**佳句摘錄**：有一種童書，裡面的圖片乍看與一般正常圖片無異，仔細一瞧就會發現繪者所藏的玄機：你盯著景象一看再看，很正常嘛——一對夫婦帶著兩個小孩在擁擠的月台上等火車——但眨一眨眼，眞相突然大白：那女人的模樣就在爸爸風衣的格紋之間若隱若現。你一旦看到了，就再也揮之不去。

又一夜。把扎入肉裡的鋒利匕首一扭轉，痛到了底。

究竟是爲什麼？到底哪裡出錯了？

你說，你是用消極方式來攻擊別人的人，不知道我怎麼能受得了你。如果你是我，早就把你轟出家門了。你很佩服我。別以爲你沒感覺，你覺得我很勇敢。

我知道啊，我說，我這麼做是因爲愛你。

我像拳擊場上的蠅量級拳手不斷挨打，一直撐一直忍，卻仍然站定腳跟。這種拳手通常被稱爲有骨氣。我有很多很多的骨氣。

清晨四、五點時分，我們一絲不掛互相擁抱。兩個彼此熟悉而能讓對方不斷獲得高潮的身體相互作伴。我深信我們的關係，深信我們有那個感情，深信你的內心深處還是有我。

你說，也許有吧，但你感覺不到了。你這麼說不知是出於殘酷的誠實，還是故意要激怒我。

你還很氣我對不對？

大概吧。

你不愛這房子了嗎？你不愛跟我早晨下樓喝咖啡，不愛我們擁有的這一切嗎？

愛啊，你輕聲回答。

但你要放棄我們這麼好的床上關係，放棄這麼棒的房子，放棄我們的孩子，放棄這一切？

你不發一語，起身下樓煮咖啡，然後我們坐在黃色餐桌旁靜靜啜飲……

你在報復我。你的恨意永遠不會消退。

報復什麼？我又做了什麼？

我永遠不會原諒你；我永遠不要再和你上床；我不再愛你了。

我永遠不會原諒你；我永遠不要再和你上床；我不再愛你了。

你跟我說過會永遠愛我嗎？我不記得。一年多前的夏天，你帶我到東九十五街一家小酒吧，說我是你今生最愛的女人，而我說你是我今生最愛的男人；我們熱情擁吻，四肢交纏。那個感覺至今仍在，就算你的愛已經驟然消失……

昨天我抱著你對你說愛你；我知道你遇到了危機，正在掙扎，我完全理解也能接受。

對啊，你說，我是遇到了危機，正在掙扎。然後你又講了一次同樣的話，怕我忘了似的：我現在人還在這裡是爲了孩子，但我愈來愈想離開。

有沒有一點改變心意的可能？你說，有可能。

夜裡半夢半醒間，你擁我入眠；當你清醒後，卻轉身背對我。

有時候，我強烈感到被你排斥，像你跑去小麗房裡睡那次，因爲你顯然不想躺在我旁邊看書。我胃痛如絞，只想大吐一場，吐出我的痛。

有時候我覺得該離開的人是我。我才是那個不屬於這畫面的人，流浪者，外人。回法國到處旅行。去巴黎住，拉丁美洲也可以。再不然去越南的森林或象牙海岸放逐自己。你不該離去，我才是那個定不下來的人。這些年來，我是因為你才定下來的——或者事情其實是相反的，你是因為我才定下來的？我只知道我們一直是彼此的錨……

我們之間有些事情變了。你拔起插頭，說，拿好，我受夠了。我們身陷一場爛戲，一個難堪的處境，一種貓鼠追逐的遊戲，而今曲已終，人將散。

男主角掙脫了鎖鏈，踏上另一場冒險旅途；可憐的女主角被甩在身後，緩緩爬行到角落裡等死——另一種安排是她渾身虛弱無力，走上殉道之路；更或許她精神崩潰，被關進十九世紀式的瘋人院，像羅丹與卡蜜兒的愛情故事：羅丹持續創造出經典雕塑，而卡蜜兒從此不踏入工作室半步。

這種故事我是不會寫的，因為太可笑，充斥著陳腔濫調的情節。這種故事我讀都不想讀。我拒絕讓自己的生命變成那樣。

我的版本要像這樣：男主角想振翅高飛，想自由，想測試自己的能耐，想重新出發。女主角慌了手腳，逼男方攤牌。男主角遠走高飛。第一幕結束。女主角重現舞台上：好啦，我懂了。你受傷了，需要療傷空間，我何嘗不需要？故事繼續進展，但添加了新的元素：現在有死亡也有重生。第二幕才剛開演呢。

你的劇本不給我留任何餘地——我這個演太太角色的人，只能接受近乎儀式般的宰割，好讓男主角可以自由翱翔天際。

我的版本比你的好嗎？我不知道。我只知道——

我不想扮演你指派給我的這個角色……

你說，不要把這種事浪漫化。

把什麼東西浪漫化？你在說什麼啊？把你一心求去的念頭浪漫化嗎？我還以爲我們懂什麼叫浪漫呢！

你說：我要妳完全做自己。

你說：我對妳用情極深。

你說：我們之間肉體關係的魔力還在，但以情感和心靈溝通的層面而言，我對妳已經沒感覺了。

你還說：如果一年前妳能夠振作起來……

爲什麼是「一年前」？一年前發生了什麼事？

你的話像巫卜文字一樣深奧難懂。

一年前我帶著兩個女兒在法國娘家過暑假。一年前我在普羅旺斯的小餐館第一次見到我此前素未謀面的親生父親。一年前你被解雇。一年前你的舉止開始出現異狀：你總是趁我哄女兒睡覺時去還錄影帶，一出門就到清晨兩點才回來；星期天早上逛超市逛到下午四、五點。每次我問你去哪裡，你都說你去喝點東西或辦點雜事或看球賽。我若追問你就說：不要黏著我，我沒有義務回答妳。

一年前，我開始失去你。

你說，或許我們之間的信任已經崩盤了。我不太懂你的意思，但我覺得信任是可以再培養的呀……

那是一種被排斥的憤怒。跟一個男人在一起然後看著他對妳逐漸失去興趣（或許自己也開始有相同感覺），這是一回事；但是那截然不同於兩人建立起一個家、各自擁有一片文學事業、共享十八年的感情之後——而且就算關係逐漸緊張也不減兩人之間的熱情——居然一夕之間把插頭整個拔掉，事前毫無預警。

像是被警察從背後開了一記冷槍。

我也不知道啊，你說，我也不知道會突然就到了臨界點。本來感覺離臨界點還蠻遠的，誰知道突然就逼近了……

星期五，凌晨三點。那個萬聖節週末，我們計劃好要去佛羅里達州探望你爸媽。我半夜醒來，驚覺一個殘酷卻千眞萬確的事實：你在外面有女人。你知道有一種童書，裡面的圖片乍看與一般正常圖片無異，但仔細一瞧就會發現繪者所藏的玄機：你盯著景象一看再看，很正常嘛——一對夫婦帶著兩個小孩在擁擠的月台上等火車——但一眨眼眞相突然大白：那女人的模樣就在爸爸風衣的格紋之間若隱若現。你一旦看到了，就再也揮之不去。

於是我決定面對現實。我起身尋找你背叛的蛛絲馬跡，很快就找到了：一疊暑假留下來的發票，裡面有昂貴的旅館住宿費用；一張從筆記本撕下來的便條紙寫著：「致快遞公司：煩將某某先生某某女士（就是你跟她的名字）的包裹轉寄到某某地址」。我目不轉睛盯著這張紙，把它當作是由密碼所寫成，想讀出言外之意，但我解不開謎語。在我們家放收據的文件夾裡，我找到一些別的收據，是另一個週末在另一家紐澤西州的旅館——那次你說你去野地露營，晚上睡在睡袋裡。

我把東西收好，回樓上房間；你醒來，用和你現在一樣兇的口氣質問：又怎麼了？

我在床邊坐下，問出那老掉牙的問題（又回到那齣老套的爛戲了）：你在外面有女人嗎？你說：爲什麼這樣問？我再問一次：你在外面有女人嗎？你又一次閃爍其詞。重複第三遍的時候，你終於從緊抿的齒間迸出一句：有。我問，多久了？十五個月，你說。彷彿你一直都有在算日子似的，說不定是因爲有人剛剛問過你。你這個答案，狠狠在我肚子上捶了一拳。

十五個月。那就是前年夏天的事了。那年夏天你在寫小說，我們去地中海的波格羅斯島（Porquerolles Island）度假。那年秋天我們終日歡愛，那年新年除夕我們徹夜調情說笑，我坐在你腿上，我們在倒數的時候擁吻，兩人打得火熱。但也就是從那時起，你一個星期裡有好幾天會半夜兩點回家，不理會我的質疑，罵我是在緊迫釘人。於是我說服自己別給你壓力比較好。

是她嗎？你的編輯？

是的，你承認。妳怎麼知道？

我看得出來她想要你，從她的眼神和肢體動作都看得出來。我只是不知道她已經得到你了。

是有人跟你說嗎？

我不想提起收據和筆記本的事。好庸俗的情節，又是太太翻箱倒櫃找老公的偷情證據。我不願承認自己畢竟還是扮演了這樣的角色。

沒有人跟我說什麼，我回答。只是看到她總是在跟你打情罵俏，還有一次她在答錄機留言給你談書的事也充滿挑逗意味，實在讓人聽不下去。只不過我告訴自己這是逢場作戲，她跟每個人講話都是這個調調。其實幾年前在一場派對上第一次看到她的時候就有這個感覺。那時沒把她當回事，因爲我覺得她表現得太主動、太明顯了。我還以爲你不會上勾，其實早該料到了——我當年也很會主動誘惑男人，你不就上了我的勾。

喔，所以她是因爲這樣才買了你的小說版權，我說。

我這樣說是故意要刺你一下的，而你感受到了。

謝謝你喔，你只吐出這一句。

一陣沉默。

你們都什麼時候碰面？

她有空或我有空的時候。

你講這話的語氣有點像在發牢騷，一副你們是社會習俗下的受害者，而我是擋在你們之間的壞人的樣子。

你每次半夜兩點才回來都是去看她？

有時候是，但不一定。

你每次說去街上閒晃，爲了寫書找靈感，其實都是去她那兒？

沒有，我有時候眞的是在街上閒晃。

星期天失蹤好幾小時，買菜買到下午四、五點也是囉？

對。

可是我們常常做愛啊。你是不是剛從她那兒回來就和我做？

有時候是。

這樣會讓你更爽嗎？

不會，其實不會。

我實在不知該說什麼了。「徹底被打敗」是最常見的講法……

我想我應該大發雷霆，把書扔到牆壁上、摔壞一些家具之類的，把場面搞僵，宣洩我的憤怒。不過我沒有。我告訴自己不要太過分，不要吵醒女兒。其實，我是心已死。你丟了顆炸彈，就落在我害怕被遺棄、害怕得不到愛、害怕被置之不理的舊傷口上爆炸。昨天我的傷痛轉爲怨怒——你從浴室出來、擦乾身體的時候對我說：「如果我離開一陣子把事情想清楚，妳會不會期望我回來？」接著又說：「妳不要抱著任何不切實際的幻想，我們的關係永遠回不到以前那樣。」

你爲什麼老是把這些話掛在嘴邊？是想說服自己，還是想挑釁？難道你以爲我都沒有聽到嗎？

我聽到了，但我不相信，不全然相信。或許你就是因爲這樣才老是要講這些話。直到你眞的走了我才會相信這些。

你竟敢竟敢竟敢！！！爲了另一個女人拋棄我——這句話用法文說出來更是刺耳，

宛如利鞭的刺尖。

我被凍結在害怕的情緒裡不得動彈，坐在這裡任由你擊打。我把命交給了你，在你面前那麼無助。你上一本小說裡的男主角第一任妻子就是這樣無力反擊，我知道你在寫我。你以爲我不懂得反擊，但我可以學啊。或許我可以學會去發洩個精光。你就是這麼原始，對你來說人生不外乎下列基本慾望：性愛、口腹饑渴、憤怒、憎恨。我也愛你的這些。我不知道你居然會反過來利用它們來對付我……

我實在抵抗不了自虐的心情時，就開始幻想你躺在她床上，一絲不掛，老二正英姿勃發，跟她說你愛她。我幻想你跟她在麻州的海邊歡愛，在去年夏天你住的那間紐澤西飯店裡做——那張我找到的兩百七十三元的收據。八月某個週末，陷入熱戀的你的紅色機車停在飯店門口。我愛妳，你告訴她，然後任由她坐在你臉上讓你吮她吸她滿足她，她的紅髮披散著。

去年春天有一天你兩手環住我。

妳的屁股好小，你說，口氣聽起來很訝異。

我現在知道你那時爲什麼那樣說了——因爲她的屁股比我的大。

你在做比較。

你眞的不再愛我了嗎？

你從來沒說：跟妳在一起我很不快樂。你只是煩躁、生氣、灰心挫折、往外跑、晚歸、上酒吧、閒晃瞎混。一夜之間，你變了一個人。可是你一直說：我愛妳，我要妳，妳是我生命中的女人。和妳在一起我從不感到無聊，我喜歡和妳一起過日子。你不停地跟我做愛。你說你愛我的胸，我的屄。你曾在公眾場合把手伸到我兩腿間。爲什麼現在拒我於千里之外？你怕背叛她嗎？

我們共度的去年已經被玷污了。我回想起若干點滴，現在恍然大悟。那次我們去聖・特佩（Saint-Tropez）吃飯的途中，你用手愛撫我，但那時你已經和她睡過；去年聖誕節你送我黑色性感內衣，把我的乳頭從胸罩中掏出來說你有多喜歡它們時，你已經和她陷入愛河了。你賣出版權，跟她喝酒喝到半夜兩點那天，就已經上了她了。你總是在凌晨兩點到兩點半之間回到家，規律得很，從來不會晚於兩點半。我告訴自己你是應酬完後和朋友去酒吧喝兩杯——我還幻想了好多間酒吧。有時我也想或許同桌有其他女人，但都是逢場作戲，不至於影響我們的關係。你說你喜歡一個人深夜在紐約街道閒晃，我也相信你；你說那是你二十幾歲常做的事，你想重溫舊夢。

你跟我在半夜兩點做愛的時候，你有沒有把老二洗乾淨？還是你直接就進來了？說實在的，去年春天你好幾次不太行，我蠻擔心的，我現在知道原因了。連續服侍兩個女人很累吧？你叫我用手幫你，然後你兩手抱胸，眉頭因專注而深鎖，你是在想她嗎？跟她做的時候你會幻想我嗎？

這本日記可是我們愛情的墓誌銘？

（略……）

你哪天敢給我離開，我會抓你的頭往大門撞，砸到你腦袋開花，灰色的腦漿濺滿牆壁和天花板。我想聽到骨頭碎裂的聲音，看到你腦勺爆炸、面容全毀、鮮血狂噴、牙齒齊飛、頭髮和腦漿黏成一團——濕答答的頭髮比較好紮辮子。

至於你那個相好的，我會拿一把點三八手槍，直接對準她的屄，中心點擺在陰唇，槍的一端架在陰核上，讓它看起來像是從深色草叢裡長出來一樣。她躺著，本來準備要迎接你的，卻迎來冰冷的槍管。沒料到吧！變成是我的槍在跟她做。進進出出，讓她變濕變滑，她一定很愛，對吧？她喜歡男人很硬吧？你有點三八那麼硬嗎？不會吧？我還不要用短管的槍，要用像你的老二一樣長的槍管，進，出，進出，非常男人味，猛斃了，比你勇猛千萬倍。哪個男人能跟點三八比？我就一直弄到她呻吟，甩頭，要高潮了嗎？寶貝？要高潮了嗎？好，來，扳機一扣，砰砰砰，一槍直通她的屄，直通子宮，直通她的狼心狗肺，賤貨。然後她的肚子爆開，內臟與卵巢齊飛，沾滿她華麗的衣服，管她穿的是法國名牌還是什麼日本名牌，就是要讓她的可恨老屄變成一團紅色稀泥，體液淋漓。

我不會讓你離開我或拋棄我的。我不會等到你說準備好了——不管你需要幾星期還是幾個月，不管你在等存夠錢還是罪惡感消退還是什麼別的東西——然後聽你跟我說：我要走了，要去跟她住。我不會讓你說出那些話的。我不要聽。我動作會比你快，讓你大吃一驚，然後叫你滾開：今天也好，還是下星期，下個月……

你站在廚房流理檯邊，盛了一壺熱騰騰的新鮮咖啡，準備上樓寫書時，我問你這次的洛城之旅是自己去還是跟她去？

你背對著我，手中拿著滾熱的咖啡杯。

你頓了一下。

我們會一起去。

那把鋒利的匕首筆直刺入我體內。這次沒那麼痛了。傷口已經麻痺。我的胸口彷彿早已敞開洞眼，靜候著你出手。

你試圖減輕手勁：她是因公出差，我剛好同時要去罷了。

我沒告訴你我有多痛，感覺像是你當著我的面炫耀你的新戀情。我怒火中燒，但不知如何是好。

我可以說些蠢話的，例如：你給我收拾乾淨他媽的滾出去，我不要再他媽的看到你。我眞後悔跟你生了兩個小孩。去死吧，你們這對姦夫淫婦！

我沒說出口。這些話病奄奄地躺在我嘴裡。我反倒決定週末出遠門去玩。看到你正準備「出去逛逛」的時候，我先說我晚上有事。我看得出來你很氣，大概是因爲你得待在家看小孩吧。就這麼一次而已。就這麼一次，你沒辦法他媽的想做啥就做啥。就這麼一次我不要當你他媽的保母、你的女傭。我才不管你氣不氣，我不在乎了……

我把家裡所有找得到的、你去年去過的酒吧的火柴全部燒光光（管你是不是跟她一起去的，但反正都不是跟我去的），然後用我跟其他男人坐過的酒吧的火柴來代替。這些男人不像你，或許因爲他們比較年輕，屬於另一個世代。也或許他們就眞的不是你這種人，我不太清楚。跟著一個男人十九年之後，再跟另一個男人做愛，有點像是二度初夜的感覺。

我躺在鋪了新床單的床上，想的人不再是你。我正在離開我與你之間的愛情。

寫信人：法蘭西絲・波德瑞芙（Frances Boldereff, 1905-?），字型設計者和學者，寫過幾本關於愛爾蘭文豪喬伊思（James Joyce）的研究著作，並撰寫過數篇宣揚女性主義精神的文章

收信人：查爾斯・奧森（Charles Olson, 1910-70），學者及詩人

時間：一九五〇年

**戀情提要：**法蘭西絲在一九四七年讀到查爾斯討論《白鯨記》的新作《叫我以實瑪利》（*Call me Ishmael*, 1947），透過出版社首度致信查爾斯；兩人開始通信並發生戀情，時間長達數十年，唯因雙方皆已婚，初期只能暗中交往。以下這封信寫於兩人相識的第三年。查爾斯收到此信後，兩人戀情一度中斷，長達兩年不相往來。

佳句摘錄：我跟他還會再見面——至少現在是這樣打算——查爾斯啊，我想先讓你知道我現在很認真考慮他——畢竟我和你已經交往一陣子了……

布魯克林寄往華盛頓

# 一九五〇年九月三日，星期日早晨

吾愛查爾斯——

前幾天我遇上一件非常美妙的事，只是對你來說可能會很心痛——但在我倆之間，這已成爲事實，你也必須接受才是。我遇見一個年輕俊俏的黑人，彷彿是上帝的傑作——在地鐵裡，他先看到我——然後（貼）在我旁邊坐下——他跟我在同一站下車——我們各走各的——出站之後我去搭公車——又在公車站碰到他——我笑著問他，要到哪裡買前往自由港公車的車票——他也不知道，卻說：「如果我有車，現在就載妳一程」——後來他在公車站待了兩個半小時，等我回來——我沒有回去原地——他就在地鐵站裡等——望著列車來來去去——然後又看見我——走過來，坐在我旁邊——我們一起搭車回家——

我這輩子還沒有見過像他這麼心地善良又美麗的人——他的身材也跟內在很匹配——他也要我——我把你的事全部跟他說了——他還是要我，而他也吸引我——我跟他還會再見面——至少現在是這樣打算——查爾斯啊，我想先讓你知道我現在很認眞考慮他——畢竟我和你已經交往一陣子了……

寫信人：凱瑟琳・安・波特（Katherine Anne Porter, 1890-1980），小說家
收信人：馬修・喬瑟富森（Matthew Josephson, 1899-1978），作家
時間：一九三一年

**戀情提要：**兩人結識於一九二八年，馬修那時將近三十歲，英俊有爲、風采迷人；海明威說過：「如果我長得像馬修，就不用當作家了。」但馬修那時已有妻室，這成爲他和凱瑟琳交往三年期間揮之不去的陰影。馬修鼓勵凱瑟琳寫作，爲她接洽出版事宜，也是她的靈感來源。後來馬修的妻子發現他不忠，非要他二選一不可。馬修選擇了妻子，卻仍暗中送禮物、寫極富挑逗性的情書給凱瑟琳。後來凱瑟琳把這段痛苦的感情經歷寫入了自己的小說《愚人船》（*Ship of Fools*, 1962）。

**佳句摘錄：**我以爲你和我顯然都是固定中心點，沒想到你居然沿切線方向飛離。

# 一九三二年一月七日，墨西哥

親愛的馬修：

我不斷看到你爲了新鮮好玩和爲了實際用處而變身——談不上脫胎換骨，倒像是在玩角色轉換的遊戲。現在的你變成一個（該說是鬼鬼祟祟嗎？）狡猾的作家，被盧梭說動，轉投浪漫主義旗下。剛認識你時，你還在左拉（Zola）的階段，相信讀書人應爲公義而戰，而養情婦是天經地義的事……記得嗎，後來你自詡爲隻手對抗邪惡大都市的獨行俠。再後來，到了你不再愛我並且擔心我會繼續迷戀痴纏你的時候，你寫信告訴我說：比起生命中的眞實本務如持家、養兒育女和寫作，「我們情感上的壯舉」根本無足輕重。

我記得很清楚，你說我們應該要像機器般運轉得分毫不差，做好自己份內的事；當時我就不信你這些話，也不買你的帳。而當你說我們應該浪漫、別管什麼道德教條的那一套時——親愛的馬修，我也不吃這一套。有誰天生就兼有這兩種特質的嗎？我想，這只表示你找到了新歡，而這套觀點目前對你應該很管用吧？你就像個高爾夫球好手，知道什麼時候該選用哪一支球桿、用哪個姿勢揮桿。你老是拿文學來模擬我們的關係：先是史坦因（Gertrude Stein），然後是柏克（Kenneth Burke），我忘了還有誰……我還得應付你爲了面子而引經據典說出的一堆話；我早跟你說過：我等於是在明處打一場追擊戰，根本無力再應付暗處冒出的伏擊……我呢，沒什麼改變，只不過在這條情路上走得更遠更累；我還是你剛認識時的那個樣子，相信很多事物會自然地累積和捨棄，以致表面的模式不斷改變……我以爲你和我顯然都是固定中心點，沒想到你居然沿切線方向飛離……記得有一次你教訓我說我的思考方式總是圓形的，而你說人應該像車的輪軸一樣，由軸心向外放射思考……還是呈四方形思考？我眞的想不起來了。但我現在眞的很懷疑，我們倆都在用自己設想的形狀來思考，不管那是什麼形狀……

很遺憾我必須說，我對你的感情已經潰不成形了。

很高興知道你仍然照常工作。我倒是接近停頓狀態；我還是有工作，可是所做的事大多不值得繼續。要不是我是個不容易絕望的人，否則我早該絕望了。爲了轉移心情，我只有向音樂尋求慰藉。我每天都要彈幾個小時的鋼琴，設法自己找出答案，而非仰賴上帝給我一個現成的答案。畫家希金斯（Paul Higgins）原本是個音樂家——老實說他搞音樂比繪畫出色。他教了我六個星期的鋼琴，快速傳授了和聲的基本原理，讓我桀傲不馴的指頭服服貼貼，又教會我讀譜，讓我懂得抓調子、掌握平衡與輕重，把我提升到大約習樂三年的程度後，留下我自求多福。他大概會去紐約。經過艱辛的獨力摸索，我現在在跟巴哈的前奏曲及史卡拉第狂想曲奮戰，快樂無比。佩姫和馬爾康向你提到我的現況時，可能沒說起我有一架一八二〇年英國製的小型平台鋼琴。當初我從這架鋼琴前主人的曾姪女手中買下時，它簡直跟廢鐵一樣，現在我已經找人修好了。還有點叮噹作響，但我想未來應該可以完全修復。我竟然會學樂器，眞是件新聞。這麼多年來我一直想學琴，現在宿願以償，眞的很高興，這對於現在的我來說是既新鮮又滿足的事。

哈寇先生可能沒跟你說過：我拒絕被歸類爲新生代作家——你說你寫了「文案」（我喜歡這字眼）之後我才知道這回事——因爲十年前我已經躋身其中，現在實在沒有時間或精力再來一次，更不可能希望再被列入其中。我在年輕的時候就對年輕這件事不太感興趣，遑論現在。我喜歡那種照著時間走的感覺，就像史坦因（啊哈！終於報了一箭之仇）所說的「有時代感的人」——我想我應該還算具有我這一代的時代感吧。也許一個人死了以後還是有機會被列入新生代，但我沒有那種野心。眞希望我有。

我實在不該寫這封信，眞是掙扎。那麼，就此結束吧。

你的凱瑟琳・安

當然，如果可能，請代我向那些問起我的人致意……紐約看起來很遠，但我近期內應該有機會再去。我不懂：爲何我愛極了那個城市，卻一直沒機會住那裡？

打個商量好嗎：你可不可以把那本《開花的猶大》（*Flowering Judas*）寄來跟我交換？我這裡有一本題了字要送你的，早在十月就包裝好、只差塡上地址就可以寄出了。就當你答應囉，我先寄了。

寫信人：艾妮絲・珀頓（Agnes Boulton,1893-1968），小說家

收信人：尤金・歐尼爾（Eugene O'Neill,1888-1953），劇作家

時間：一九二七年

**戀情提要：**兩人於一九一七年秋天在酒吧認識，翌年四月結婚，育有一兒一女（女兒後來成爲紐約社交名媛，嫁給喜劇演員卓別林 [Charlie Chaplin]）。一九二六年，尤金與一位演出他劇作的女演員蒙妲芮（Carlotta Monterey）傳出緋聞。艾妮絲試圖挽救婚姻，但尤金已另築愛巢，在紐約（蒙妲芮住所）與百慕達（艾妮絲住所）之間兩地往返。以下這封信表達出艾妮絲的心情。一九二八年，尤金決定選擇蒙妲芮。艾妮絲與尤金在隔年離婚，而二十天後歐尼爾就在巴黎與蒙妲芮成婚。

**佳句摘錄：**你難道不明瞭你的來信可以讓一個女人「走投無路」，只好去找另一個愛人嗎？

# 一九二七年九月

親愛的：

你的信——除了信末附筆之外——讓我精神大振，也很開心，但信末附加的幾句話實在要命，看起來很憂鬱無助。好希望下一班郵輪能捎來你的信。這裡天氣總是那麼炎熱。這個禮拜我的情緒非常低落。這邊什麼事也做不成，令人十分洩氣。

夏恩正在寫信給你。他喜歡收到你的信。他前陣子肝出了點毛病，躺了好幾天。

里吉菲爾（Ridgefield）的事情怎麼樣了？我發了一封「出三萬七千」的電報給你，因爲我想你可以先調查一下，不急著用三萬五千元的價錢賣給別人。

我迫不及待想看到你送的生日禮物，希望今天的船班就把禮物帶來。

接到你上兩封信之後，我補寄此信給你。我覺得絕望透了——你一直那樣倒楣，事事不如意。對任何一個講究實際、具備常識的人來說，我留在這裡當然是正確的做法。然而，這卻讓你有藉口說我一定是有了外遇。你我心知肚明，你這說法荒謬至極。我跟誰外遇啊，老天。眞希望你知道我在這裡有多麼無聊寂寞——哎，多說無益，我想我還是打包準備，帶著孩子和所有家當搭下一班船到紐約，看看怎麼辦吧。我早看穿了——我想你也希望我看出來——你說的那些關於喝酒或是愛情的話，裡面別有用心。你就去吧（去愛，不是去喝酒）。別忘了你說過你想離婚——別忘了那些相對無言、討厭對方的日子——，你覺得我能夠忘了嗎？你現在愛我，需要我，是因爲你無聊寂寞，但是只要我們在一起兩個禮拜，愛情就會快速惡化，令人生厭。即使是現在，你的來信也透露出一絲對我的怨恨，恨我沒有去做那些荒謬的事：比方說在八月裡帶著孩子離開此地去整理一大片隨時可能被拍賣的地方。別擔心斯比特海德（Spithead）這裡，我早就對這裡沒興趣了。就我而言，一切都已結束，我是眞心這樣認爲。這裡根本沒事可做。我懷疑我以前怎麼會對「雞」、「牛」、「花」這類東西感興趣。我今天把馬送回去了。上次跟你說我快沒錢了，但你上封信沒有提到這件事。我把手槍鎖在抽屜，卻把鑰匙丟了，否則我想現在我就會把手槍拿出來，結束一切。百慕達空蕩若此，寂寞非常，你卻始終懷疑我有外遇。老實說，我還眞希望有那麼個風趣男士在我身邊。你難道不明瞭你的來信可以讓一個女人「走投無路」，只好去找另一個愛人嗎？你眞該死，你一定是哪裡有問題。

再見。我很高興蒙妲芮的頭腦不清楚。你想她會不會有興趣來管斯比特海德？如果她願意，告訴她我已經放棄這個工作了。她一定可以做得比我漂亮。

你最真摯的

艾妮絲

P.S. 生日禮物還沒收到！

寫信人：桃樂絲・湯普森（Dorothy Thompson,1893-1961），記者及作家

收信人：第一任丈夫，約瑟夫・巴德（Joseph Bard,1892-1975），匈牙利裔美籍作家

時間：一九二六年

**戀情提要：**桃樂絲擔任數家報社的駐歐特派員，在布達佩斯與約瑟夫一見鍾情，兩年後兩人結爲連理。後來桃樂絲到柏林出任新職，此時約瑟夫愛上英國畫家亞嘉（Eileen Agar），使兩人婚姻浮現危機。

六年後，即一九二七年，約瑟夫對桃樂絲說：「不論任何條件或形式，都不願再維持婚姻關係。」桃樂絲隨即訴請離婚，但仍希望約瑟夫重新考慮兩人關係。桃樂絲的生日當天離婚生效——但也就在這一天，她開始和另一位作家辛克萊・劉易士（Sinclair Lewis, 1885-1951，參見第 185 頁）交往，並在翌年嫁給他。

以下這三封信寫於一九二六年底到二七年年初。有一點很值得玩味：桃樂絲把約瑟夫的名字結尾拼成"f"，但約瑟夫本人一直喜歡英文拼法的"ph"。根據傳記作家克爾特（Kurt）的說法，桃樂絲這幾封信其實是寫給是一個名叫

"Josef"的馬札兒人，「因爲她十分迷戀匈牙利氣氛」。桃樂絲這幾封信是否都曾寄出，後人不得而知；但是克爾特認爲，至少一九二七年一月二十五日的那一封曾落在約瑟夫的畫家妻子亞嘉手中，證明該信確實是寄給了約瑟夫。

**佳句摘錄：**一個眞正的女人可以爲男人做兩件事：超凡或是世俗的愛。我想我比較喜歡當聖母。我的美麗、安詳、堅韌、自信，超過你所了解的。

我對你的愛太深，讓我對你過於坦誠，足以毀掉你對我的愛……

## (1) 一九二六年十二月廿九日

約瑟夫，你在我們之間堆起了重重不安與謊言的高山，我看不出我該如何越過這些山頭才能抵達你虛情假意所謂的友誼境界。所以我在此之前都不寫信——不，是我沒把寫好的一堆信寄出，原因是到頭來我發現自己沒什麼好說的。我的生活、我的感情、還有我自己，都已陷入別人所結的網中，而我不明所以。跟你獨處時，你看到一個我；你對亞嘉描述的是另一個我；你向威尼斯表現派畫家柯克西卡（Oskar Kokoschka）描繪的，又是一個我；而你給柏林翰（Dorothy Burlingham）寫的信上所踐踏誣衊的是另一個我。你和這些人都有牽扯，但都不是你一個人而已，總是我們倆牽扯在一起。所以，你不只傷我的心也傷我的靈魂，約瑟夫，你把我整個人都支解得支離破碎了。我已經不是我，也沒有什麼可以給你的了——沒有生之喜悅，沒有信任，沒有勇氣，也沒有率眞了。你所說的一切都是空話，因爲你的所說所想都不符合你的實際行爲。當你說你愛我時（雖然你常講這話，即使現在也還掛在嘴上），你不過是在說我是「可愛的」罷了，或者你只是一時高興隨口說說而已，卻從未把這話化爲任何行動、犧牲或忠誠。而當你說需要我的感情時，你不過是隱約表達需要受到讚美的渴望，又不願意負起不可糟蹋這份感情的承諾——承諾不糟蹋你自己，也不糟蹋我。你說你需要友誼時，你要求的卻是忠實，然而只有忠誠的人才知道什麼是忠誠，忠誠不只是想想而已。

我回顧過去兩年，發現自己不知不覺中陷入了地獄。我看見自己奮力爭取的不是另一個男人，而是另一個你。我是這麼不顧一切、熱情企盼，期盼虛幻的希望能夠成眞，希望你可以成爲一個讓我引以爲榮的人。在我的生命中，我不曾要得如此急切。我以爲你也有相同的渴望，因爲你是如此奮力西行，渴望遠離事事徒勞而虛假的布達佩斯。我總是看著你的黑眼珠和明亮的前額，不久前我還對葛羅斯曼（Stefan Grossman）說你是「一個摸索前途的年輕人」，而我那麼熱切地幫助你開展前途——但現在我知道，你所追尋的西方並不是地理上的西方，而是心靈的西方……

## (2) 一九二七年一月廿五日

……你如此誤解我，眞令我驚訝。這樣的裝腔作勢，這樣堅持一定要離婚，這樣害怕回到維也納唯恐我纏著你不放。老天啊！約瑟夫，你實在羞辱我到了極點。難道不是我親自把你送到巴黎的嗎？難道不是我從英國回來就決定要離開你的嗎？難道不是你求我給你一個「追尋自我」的機會嗎？你以爲我是什麼樣的女人呢？我是「坦率、固執、勇敢」的。還有，約瑟夫，我也是有感覺的。我在維也納發現了我在柏林所不知道的事：過去兩年，你不是對我不忠，而是根本毫無忠誠可言。

兩年來你想盡辦法要離開我，你也這樣告訴別人，而且有一年的時間幾乎是離開了我。你我的關係對你是如此痛苦，然而你卻還是綁著我。你奪走了我的愛、我的工作、我的感情、我的信任；最重要的是，你奪走了我栽培你的雄心壯志。而你卻利用這些從我這裡奪走的東西，去追求其他可以幫你擺脫我的女人。約瑟夫，我不是氣你現在要離開我，而是氣你爲什麼沒有勇氣早一點離開我。如果你這麼了解你自己，我更氣你爲什麼要和我結婚。

在慕尼黑時你曾問我：「如果我認識一個朋友，她可以和我一起工作，談得來，也能夠適應我的怪脾氣，妳會不會介意？妳常說只要妳不知道就無所謂。」我的回答很清楚——我現在還依稀可以想見當時的情景：我往皮箱塞東西，而你躺在沙發上，臉上又出現那種會讓我不寒而慄的神色。「約瑟夫，我並不是很在乎小小的出軌，只要不過分、逢場作戲，也不會影響你對我的感情就好。但是如果你遇見了你所描述的女人，你應該去追她，因爲她才是你想要的朋友、情人兼妻子，」我還說：「如果你沒有勇氣和我分手，我有勇氣主動求去。」更過分的是，你還想要腳踏兩條船，利用我的愛、信任、工作，踐踏我的青春，無所不用其極地傷害我。你從巴黎的來信竟然說，經濟上的考量是我們還在一起的唯一理由，多麼可惡啊！你竟然認定我會幫助你。

我本來要你馬上來維也納處理離婚的事，但是我以爲你對我還有感情，所以我沒辦法動手寫這樣的信給你。我還對吉妮亞說：「我一定得和約瑟夫分手，但是我們對彼此都太重要了，不能就這樣草草分手。我們必須以成熟態度，考慮周詳之後再作決定。」不只如此，你的電報——不是給我的，而是寫給吉妮亞——還有你的信中說：「不論任何條件或是形式，都不願意再維持婚姻關係。」然後我讀了你的日記（雖然偷看日記很不要臉，但是我這輩子總得有一次知道眞相吧），裡面盡是對我惡毒的譏嘲（幹嘛不明講呢？），還有在《唐璜》（*Don Juan*）中那些畫線的段落，證明你有多麼恨我……

……當然，我也有一些偏執的情結，我很清楚。但是在和瑞克博士幾次交談以後，我發現我的這些情結並不像你說的那麼嚴重。我想我不過是一個再正常不過的美國女人，一個曾經完完全全愛你的女人，只是自不量力。如果說我變得像你媽一樣，也是爲了符合你的期待——我其他的特質顯然都被你拋棄了。如果我當年留在布達佩斯讓你養，事情可能會不一樣，可是我一直認爲往西邊發展對你是最好的。作爲一個女人，我最期待的就是能幫助你。一個眞正的女人可以爲男人做兩件事：超凡或是世俗的愛。我想我比較喜歡當聖母。我的美麗、安詳、堅韌、自信，超過你所了解的。但約瑟夫，在我們初次相見時，你最最需要的是能量和協助。而且你從未讓我有其他可能，也不曾協助我成爲我所期待的。

當你說「妳就繼續妳現在的生活吧」時，我再次明白你壓根不知道這個家才是我生活的重心。我好幾次告訴你我很不喜歡新聞業——它撕裂我的神經，殘害我心中最美好的事物——但你總是聽不進去。我在新聞界是很成功，而我的成功對你很有用，像一座橋樑一樣。你一定不知道過去一年對我有多麼難熬，簡直是折磨。帳單、工作、搬家，總是一味的迎合你，而我卻永遠不知道你到底要什麼。雖然心中很清楚這根本沒有用，我仍試著找尋一個你可以得到安靜、休息的地方；我以各種逃避方式補償沒有愛的缺憾：我變醜、貪食、酗酒；我好似找了一個牌友玩撲克牌，卻發現對手在袖子裡還藏了其他牌，而他偏偏喜歡向其他人交心。如果繼續這樣下去，我想我會開始墮落，然後將梅毒傳染給你，就像你惡毒地對我說過的一樣。但我的每一點、每一滴都是熱情洋溢而且純潔無暇，我清楚的很。

我一定要告訴你這些事，因爲——因爲我不說出來的話，它就會慢慢地侵蝕我、毀滅我。我一定要告訴你這些事，因爲它會破壞我對你的忠誠，我對你的愛。請不要害怕愛這個字眼，因爲只有愛你的人才會是你的朋友。雖然這樣講很柏拉圖，我卻感到很驕傲。因爲愛啓發我們的想像，唯有如此人們才會信任你。我一定要保有對你的信心，因爲這個信心和我對生命的信心結合在一起……

## (3) 一九二七年一月二十七日

我要告訴你，約瑟夫，我有多麼愛你。

我愛你就像我愛美一樣。

美是我生命中決定性的力量——眞正召喚我離開家鄉、飄洋過海而遇見你的，是我對美的渴望——而不是你以爲的「旺盛精力」或「生命的意志力」。

美的作品、美的思想像星辰一樣，純潔而自由。行爲也可以是美麗的，所以要自重、清白。

爲美而奉獻，促進美的產生。

我小時候希望成爲畫家，稍長時想當詩人。最後是介於兩者之間——有人使我的心眼閃爍發亮時，我就想要爲他們奉獻；像是我的小妹……還有你。這是我當時能夠做的；造就美麗的人，爲美麗的人創造美麗的生命。

新聞記者不過是達到目的的手段而已。我從俗世賺錢來建造一個家，作爲創造美的場所。這不是事業，而是生命；以愛爲中心，而非以性爲中心。或是說把性愛提升到另一個層次，更具想像，更溫暖、堅強、熱情、明確、堅定、持久。是富有創造性的伴侶關係，以及彼此內在的忠誠。

然而，我們相處的時間太少了。工作太多，我始終太忙。等到有空的時刻，一切都變調了。這是爲什麼呢？我一向都主動去找你，以爲你會說：「我們到鄉下度週末吧。」以爲你會計畫，結果卻從來沒有去成。工作一直把我從你身邊支開，而我有空時，你卻又從我身邊溜走。

但是我以爲這些都會過去。約瑟夫有一天會成功。到時我會換工作，我們之間感情會更加穩固和諧，然後你會成為一位優秀、有創意的伴侶。

然而，你像是流過我指間的細沙……我已經三十三歲了，一個小孩也沒有。我天生就是個好媽媽，但是約瑟夫，你到底在哪裡？你眞的在向前行嗎？你眞的認為你獨自一個人可以更有成就嗎？如果有人隨時願意伸出援助的手、願意永遠陪伴你、願意為你奮戰，難道不是更好嗎？那些謀殺了我們愛情的婚外情，眞的值得你犧牲這個別具創造力的婚姻夢想嗎？即使是亞嘉也不值得吧！

我不認為你眞的愛亞嘉。對你而言，她只不過是一時的慰藉，讓你放鬆……還有美貌。但你愛的是我。因為我比亞嘉更好——就像河流之於池塘、海洋之於湖泊、高山之於山丘。我比亞嘉更好，我就像惡地裡巨石的陰影，更能保護你；我確定我比亞嘉更好，我確定！因為我讀過她的信、看過她的畫。亞嘉為你做的每一件事，都是因為她正與你相戀，而我做的每一件事，都是因為我熱愛生命、熱愛美。我為你畫的肖像，比亞嘉與柯克西卡畫的都好。我需要你，比她更需要。我對你的愛太深，讓我對你過於坦誠，足以毀掉你對我的愛……

六年的生命悄悄溜走了，一個女人生命中最珍貴的六年。這幾年應該是我為生命奠基的時間，留住原有的美且繼續養成，並生下我的孩子。其他愛慾的機會已經逝去了；因為當它們到來的時候，我是那麼的傲慢，對你又是如此忠誠。忠誠到我似乎不由自主的要去試試看，我是不是失去女性的魅力了呢？因此，我找了一個旅人，利用了他之後要他離開。

我是愛你的——不是偷偷躲在倫敦的你，而是那個我所創造的你。唉！我想我可以永遠擁有你，從這份愛裡，我可以創造出如我心中火焰般的美，熱情且清淨。我要用這把火焰燃燒自己，讓我成爲上帝最純潔的作品。

寫信人：碧翠斯・佛比斯—勞勃森（Beatrice Forbes-Robertson, 1883-1967），紐約舞台劇演員

收信人：斯溫柏恩・赫爾（Swinburne Hale, 1884-1937），律師及詩人

時間：一九一八年

**戀情提要：**斯溫柏恩對妻子不忠。即使碧翠斯對於丈夫的出軌百般容忍且保持樂觀，兩人終究還是在一九二〇年離異，結束了八年婚姻。其後碧翠斯帶著三個女兒移居英國，推動女性投票權運動；不但四處演講，並完成《女人之所欲》（*What Women Want,* 1914）一書。斯溫柏恩則於一九二一年再婚，並任職美國陸軍參謀本部，官拜上尉。

**佳句摘錄：**如果你強加在我身上最後的羞辱，是要把我趕出你的生命好讓位給另一個女人，我絕對無法接受。

金巴爾克街 5749 號

# 一九一八年十二月九日，星期一

親愛的柏恩：

昨天我講的話，好像還有一、兩件事需要補充。

首先，你說的那封信根本沒有寄到；如果你有重要的事情要交代（包括確認你匯進我戶頭的金額），你最好再寫封信給我。

另外，元旦前後我在華盛頓還有通告。也就是說，在你下次出門或是我的巡迴演出開始之前，我們可能有兩、三天的時間得待在一起。對此我倒沒什麼好遺憾；反正，這顯然會是我們最後一次待在同一個屋簷下。此外，我們還有很多實際的問題要處理，像是法定程序啦、共同財產的處置之類的。還有，你可不可以把你在英國情報局的朋友介紹給我認識（如果他還在那裡的話）？我擔心葛蘭特家的人會先走，所以為了我的英國行著想，我必須先跟那邊的一、兩個人認識一下。當然嘍，到時我會通知你我哪一天會到。再一次錯過你「左右逢源」的樣子，眞是可惜。

柏，關於我們倆，我不得不承認，眞沒想到事情會變成這樣。是你最近的艷遇令我作嘔，才逼我說出「離婚」兩字。但我想你應該知道，我從沒有眞的採取行動；我只覺得我們應該暫時分開一下，各自走各自的路。我原本希望，也許過個一、兩年沒有對方的生活，你會發現性愛並不是最重要的，並體會到我倆的相知相守跟父女間的親情才是最可貴的。當時你要是有耐性一點，我甚至會想辦法幫你張羅一個新家，讓你專心寫作。當然，七千五百美元等級的房子，只怕我還是力有未逮。我對你筆下所謂的「惱人的摩擦」也沒有什麼感覺；雖然我們的性生活確實不協調，但我總覺得這在你年歲漸增之際會有所改善。

我這麼說不是要干涉你的決定，而是覺得你有必要明白我眞正的立場。最近這幾天，有你家人的陪伴使我好好過多了；這種相伴的感覺似乎很眞實，代表這一切終究還是有意義。當然，我既不該期待，也不該相信我們還會有性生活；但我確實期待，我們能像去年在錫圖耶（Scituate）那樣，在一段時間的分離、獨處後，重溫舊愛，拋開情緒緊綳的陰影。但我知道，一切都太遲了——我們再也沒有機會一起寫「強尼海星」了。

教我難以理解的是，你認識那位女士還不到兩個禮拜，怎麼能確定自己愛她？你說她有多好，我一點也不懷疑；但我也一直都對你很好（直到你前幾個禮拜的表現實在太過分），也一直都很欣賞你的創作。你們將面臨的考驗（至少我覺得），並不是她對你多好、她多有錢或是多出色（我們，尤其是我，是沒那麼出色）——而是你是否對她全然眞心、沒有她的話你就活不下去。在這些人生經歷之後，我什麼都不敢相信，只敢相信自己了。

親愛的，你筆下所描述的幸福，我相信你或許會得到。而我仍然難以想像，你所謂的長長久久的幸福，竟然是以犧牲與我最親、最愛我的孩子的幸福，和逃避自己爲人父的責任爲代價。孩子們一旦失去父親，心靈的創傷就無法彌補；而你自己的父母也很難從這個打擊中復原。我不能替自己說些什麼，畢竟是我自己開口提出離婚的事。我總是希望，如果讓你自由決定——不要顧慮我的要求——你會做出正確的選擇！但我錯了，還不只錯一次；而我還是無法對你施壓。上個月我還在想：「如果巴柏知道他可以自由選擇離婚的話，他終究會了解他不需要我了。」——奈何對我來說，形勢比人強啊。這位伊芙琳小姐正好在關鍵時刻出現。

我承認，既然已經到了這步田地，乾脆一刀兩斷會讓我比較好過；但對三個孩子跟你爸媽來說就未必如此了。你家中兩老也以爲你最終還是會爲我好。

如今我驀然發覺，自己這八年半來的付出、關愛、奉獻和委屈，跟一個剛爆發的財務危機比起來，竟然不算什麼；這實在讓我痛苦心碎，留下一輩子的創痛。柏，求你不要再讓別人傷心了，就讓這次變成最後一次，好不好？下次我們見面，這些話我都不會再提；但我現在非寫這封信不可，而且字字出自肺腑。但願我對你的最後記憶，是愉快平和的，泛著甜蜜往事的餘光。在華盛頓的這幾天，我想和以前的老公在一起——聽聽他未來的打算、祝福他的抉擇，甚至最後一次幫他補襪子！即使就此走出他的生命，我也了無怨懟。

因爲親愛的，你再也見不到我了。我一直以來都說，如果你強加在我身上最後的羞辱，是要把我趕出你的生命好讓位給另一個女人，我絕對無法接受。我多麼希望我能不這麼絕情，因爲我是多麼不想失去你，上帝可以爲證——畢竟我倆共度了這麼多年。

我很確定自己的心意，故作大方未免太不誠懇。請不要再寫信提起這些事了——該說的都已經說了，我不想再心痛一次。

碧翠斯

又：除了孩子以外，你一步一步地奪走我的一切——愛情、伴侶、自尊、家庭、休閒生活。這樣的損失令人難以忍受——但我還是得承受這一切。

寫信人：伊莎朵拉・鄧肯（Isadora Duncan, 1878-1927），舞蹈及編舞家
收信人：巴利斯・勝家（Paris Singer, 1868-1932），企業界小開
時間：一九一二年

**戀情提要：**巴利斯是勝家縫紉機公司的創始人伊薩克・勝家（Issac M. Singer）的第二十四個孩子。一九〇九年二月，巴利斯和鄧肯在巴黎相遇，隨即陷入狂風暴雨般的戀情，這段感情充滿了決裂與背叛。鄧肯曾說過：「我們彼此相愛，但是又彼此仇恨。」

兩人交往隔年，鄧肯生下一子派翠克，隔年就被巴利斯捉姦在床，巴利斯隨即負氣與一名女伴前往埃及。他們倆超過一年互不來往，直到一九一三年三月十九日，巴利斯才邀請鄧肯與孩子共進午餐。當天晚間，他們的座車墜入塞納河，鄧肯六歲的長子（她與別的男人所生）和三歲的派翠克當場溺斃。

根據一九三二年六月二十五日《紐約時報》所刊登的巴利斯訃聞記載，他與鄧肯交往期間一直保持已婚狀態。一九一二年，也就是鄧肯寫下這封信的同

一年，巴利斯與澳洲妻子還歡度了二十五週年結婚紀念日。直到一九一八年，其妻才提出離婚。

**佳句摘錄：**我非常驕傲，你若不愛我，我也就不想跟你在一起。

# 一九二二年

假如你覺得跟我在一起索然無味，假如你已厭倦我，假如你有別的女人，拜託，現在就講清楚。我非常驕傲，你若不愛我，我也就不想跟你在一起。我愛你、仰慕你。我對小派翠克的愛也是一樣，甚至更多；不管他是哭還是開心，我都一樣愛他。你是不是不愛我了？還是有別的女人？請說實話，這樣還比較仁慈些。

我拿了你那麼多東西，卻只是讓你覺得我很煩人，眞是情何以堪。假如我沒辦法讓你快樂，現在就告訴我……想到你是基於責任感才來看我，而不是因爲愛我，就覺得絕望欲嘔。你知道的，在認識你之前我從不收別人的東西。除非你愛我，否則我不能拿你的東西。告訴我實話——

伊莎朵拉

寫信人：雅妲・梅・懷特（Etta May White）

收信者：喬治・懷特（George H. White）

時間：一九〇五年

**戀情提要：**這是雅妲結婚還不到一年時寫給丈夫喬治的信。離婚申訴狀的標示日期是一九〇六年三月十七日，申訴狀中提到雅妲「與某人曾犯通姦罪……於一九〇五年十一月在第八街一〇二六號的出租公寓十八室祕密幽會」、「（雅妲）有酗酒習慣，多數時間都無法工作和料理家事」。雅妲離開喬治後搬到英屬哥倫比亞的步道鎮（Trail）。

**佳句摘錄：**如果我厭倦了你，會告訴你該分開了，你當時也同意我說的，並且還說若分手的時刻到了，我們分開後仍是好朋友。親愛的，現在就是該分手的時候了，請不要食言。

# 一九〇五年十二月，哥倫比亞步道鎮

親愛的丈夫：

昨天收到你的信，問我何時返家。

親愛的，還是告訴你實話吧——我再也不回去了。我無法跟你住在一起，心卻屬於別人。我二月十日嫁給你，以爲能夠忘卻過去的情人，卻發現做不到。我們無法再像過去那樣對彼此全心付出，因爲這些都是過去式了。但如果我不愛你，我們兩個住在一起又有什麼意義呢？我在這裡度過了多少個寂寞的夜晚。我要珍妮絲來看我，希望爲我帶來一絲安慰，但沒有用。我自己也試了千百種方法，還是快樂不起來。

在來是那些家具；除了沙發枕、圍巾，還有在壁爐架上、鋼琴上的銀器和曼陀林等。我的鋼琴看能不能賣到兩百塊，如果賣不掉就暫時找地方放著，把收條寄來給我，我剛剛提到的東西也都寄給我。我想我不會待在步道鎮太久，但是還是把東西送來這吧，也把我的照片一起寄來。家具賣完了，如果還有什麼你覺得要寄來給我的，就寄來吧。切記，別跟人家說我不回去，這樣對我們倆都比較好。親愛的，我回去也沒有用，因爲我很清楚自己的感情，就算回去了遲早也會再走。你再叫我回去、或甚至來這裡找我都沒有用，我是說眞的。

你知道，我不止一次告訴過你，如果我厭倦了你，會告訴你該分了。你當時也同意我說的，並且還說若分手的時刻到了，我們分開後仍是好朋友。親愛的，現在就是該分手的時候了，請不要食言。不要太多話，把自己的煩惱到處去說，這樣只會讓別人取笑。你那次沒收到我的信，曾跑去跟某某訴苦，我間接聽說某某一天到晚把你當笑話講——他不是我們任何一邊的朋友。所以聽我的建議，不要到處訴苦吧。好了，親愛的，我想你了解我的意思了，這次信就寫到這裡。希望能儘早接到你的回信告知能否把這些東西寄來給我。

好好照顧自己，將來你會遇到適合的人。我已經儘量將這件事對你的傷害減到最低，但是我無法再欺騙你的感情了。我的離開跟別人無關，請別責怪任何人，這是我該負責的。希望你的手指現在好些了。今早下了場大雪。好了，我要停筆了，快點寫回信來。

你的雅妲
信箱二八六號

附註：我不會主動申請離婚，你要離婚的話自己去辦。至於我，我受夠了男人。

寫信人：莎拉・奧斯汀（Sarah Austin, 1783-1867），翻譯家及作家

收信人：赫曼・仆克勒—慕斯考（Prince Hermann von Pückler-Muskau, 1785-1871），德國王子

時間：一八三六年

**戀情提要：**莎拉的丈夫是法律學者，赫曼也早有妻室。一八三〇年初，莎拉把赫曼的著作翻譯成英文，兩人開始私下通信，展開一段紙上戀情。雖然莎拉在信中屢屢提及婚姻不美滿，並表達對赫曼的熱情與愛戀，她仍堅持不傷害另一個女人。莎拉在一封一八三二年的信中寫道：「背叛女人，尤其是對你鍾情的女人，在我眼裡是種殘酷至極的罪愆……」

此外，莎拉對赫曼本身也有疑慮。因爲赫曼不但花名在外，還曾威脅要公開其情婦——一名有夫之婦——的情書內容。莎拉擔心丈夫會發現這段婚外情，遂要求赫曼不要再寫信給她。雖然關係生變，他們仍持續通信到一八四〇年代初期，並且到一八四二年才第一次見面。

**佳句摘錄：**我已經完全退出這段感情了。如果你關心我，你會很高興知道我與丈夫的關係已經好轉，不但相處的情況漸入佳境，也能夠坦誠溝通、和諧生活。

# 一八三六年十二月二十日

請仔細聽我說，並且相信我是誠心誠意寫下這些字句。假如你堅持用原來的語氣寫信，我不但不想再收到你的信，你的信還會帶給我莫大痛苦。朋友，我沒有別的選擇，而且不能也不敢有其他選擇，因爲他有一天一定會看到其中一封——他當然不想再看到其他的。他已經發現我的通信太過頻繁，花費太多的時間、精神和金錢在這上面。你不明白，我已經完全退出這段感情了。如果你關心我，你會很高興知道我與丈夫的關係已經好轉，不但相處的情況漸入佳境，也能夠坦誠溝通、和諧生活。之所以能如此，我敢說是因爲能肯定彼此的優點，所以若干缺點絕對無法離間我們。只要他能保持下去，我就有信心與他平靜美滿地共度餘生；我也下定決心，不讓任何阻礙影響這份珍貴的寧靜。假如這些話你聽不進去，我只得放棄讀你來信的樂趣了。不管你的決定爲何，我都永遠欣賞你的才華，關心你的名聲與幸福……我一直都是這麼告訴你的，現在說的也是一樣。

寫信人：哈蕊特・威爾森（Harriette Wilson, 1786-1846），交際名媛
收信人：克瑞文勳爵（Lord Craven,1770-1825）
時間：一八〇三年

**戀情提要：** 哈蕊特與克瑞文毗鄰而居，十五歲時成爲他的情婦。哈蕊特寫這封信給克瑞文時年方十七。克瑞文曾在信中指控哈蕊特與一名男子過從甚密，信中還寫道：「讓我這樣講吧，要是妳檢點一些，妳還可以跟我一陣子。」哈蕊特遂寫了以下這封信回覆。幾年後，哈蕊特愛上了放蕩不羈的詩人拜倫（Lord Byron，參見第70頁）。

**佳句摘錄：** 倘若我眞有欺騙您的意思，我雖沒有過人才智，想必還瞞得住您。您也有些歲數了，理應對人性自有評斷，不必瞎疑猜我有多麼狡獪虛假。

# 一八〇三年

大人：

倘若我眞有欺騙您的意思，我雖沒有過人才智，想必還瞞得住您。您也有些歲數了，理應對人性自有評斷，不必瞎疑猜我有多麼狡獪虛假。您以公卿之尊，大可一時高興，隨口說些「要是妳檢點一些，妳還可以跟我一陣子」之類的話。但是，下面這句話我可是眞心誠意的：願天主庇祐我，別再跟您有任何瓜葛！就此永別。

哈蕊特

寫信人：安・波林（Anne Boleyn，約1507-36），英國王后

收信者：亨利八世（Henry VIII, 1491-1547），英國國王

時間：一五三六年

**戀情提要**：安・波林是亨利八世的第二任妻子，也是英國女王伊莉莎白一世之母。安・波林長久以來不受臣民愛戴，被歸咎爲造成稅制不公及政治紛擾的主因。安・波林二度流產後，亨利八世開始揣測上帝不願許他男性子嗣，並懷疑安・波林當初是以巫術媚惑他。後來宮中流傳安意圖謀殺國王，以便改嫁諾瑞斯爵士（Sir Henry Norris）。亨利八世因此將安送交審判，囚禁在倫敦塔，最後並處以斬首之刑。據傳這是安受刑前所寫的最後一封信，但始終未經證實。

**佳句摘錄**：自蒙寵幸，無時不敢稍懈，殆主上因情愛寵賜臣妾，亦可不日移愛。

# 一五三六年五月六日

主上不悅與囚禁臣妾之因，臣妾惶惶未明，實不知從何申辯。日前主上遣使前來，囑我坦白以悅主上。然所遣之人，主上明知素與臣妾不睦，臣妾甫接其訊，即明主上之意。果如主上所云，吐實可保臣妾無恙，臣妾絕無違命之理。唯主上萬萬不可以為臣妾確曾犯下其行，遑論欺君之念。臣妾之心，人神可鑑，臣妾貞潔，可昭日月——惟望天主與主上聖顏霽悅。安・波林自蒙寵幸，無時不敢稍懈，殆主上因情愛寵賜臣妾，亦可不日移愛。妾出身寒微，原不敢奢想忝列君側。倘主上以臣妾差堪匹配，萬望勿聽讒言，亦勿因一時錯愛而視臣妾如敝屣；任令不貞污名玷辱臣妾，甚或波及主上襁褓稚女。

主上英明，臣妾願當庭受審，唯祈勿令臣妾宿敵執法裁判。臣妾願受公開審判，殆因臣妾無愧天地，無懼世人恥笑。如此，主上或可見臣妾沈冤得雪，主上疑慮得清，譏謗自止；或可見臣妾罪證確鑿，無可狡辯。屆時無論天意如何，及主上意欲何為，世人將無由置喙。且若臣妾不忠，主上不僅可懲處臣妾於蒼天之下、萬民之前，亦可如願與主上新寵共結鴛盟——此實為臣妾身繫囹圄之因，臣妾早已了然於胸，主上對臣妾之疑也略有所知才是。倘若主上心念已決，欲置臣妾於死地而後已，則臣妾之死，雖可令主上如願以償，鴛盟得諧，恐亦難脫構陷之嫌。果然如此，則臣妾在此祈求天主原宥主上，及主上用以加害臣妾之大臣；更望天主不致降罪主上，質疑主上對臣妾殘忍加害，有辱王室風範。主上一如臣妾，終有面對天主審判之日，屆時臣妾沉冤終將洗雪（無論世人如何評價），此乃臣妾竊所深信不疑。

最終，臣妾別無它求，只願獨力承擔主上之怒，萬勿累及無辜。臣妾已知多人因臣妾而身繫囹圄。倘主上尚念絲毫舊情，若安·波林曾悅主上耳目，在此祈求主上允妾最後所請。臣妾將誠心祈禱天主繼續庇祐主上。

於倫敦塔愁慘囚室，五月六日

# 下堂求去篇

在這類分手信中，寫信的一方或主動求去，或回應離婚的要求，或證實婚姻無效。

寫信人：桃樂絲・湯普森（Dorothy Thompson, 1893-1961），記者
收信人：辛克萊・路易士（Sinclair Lewis, 1885-1951），作家
時間：一九三八年

**戀情提要：**桃樂絲與第一任丈夫巴德離婚後，辛克萊馬上開始追求桃樂絲（參見第156頁）。經過幾個月的努力，終於獲得佳人芳心，兩人在一九二八年五月結婚。九年後，辛克萊離開妻子，理由是桃樂絲的成功「毀了他們的婚姻」、「剝奪了他的創造力」。一九三九年春，辛克萊要求離婚，但桃樂絲直到一九四一年十一月才同意，並逕以「惡意遺棄」自行提起離婚訴訟。一九四二年一月，兩人離婚生效。

以下這封信是桃樂絲對辛克萊一開始提出離婚時的回應。

**佳句摘錄：**你根本無法想像我的感受有多複雜，摻揉著熱情與憤怒、愛與恨、驕傲與厭惡、溫柔與懊悔、狂野與殘酷……

# 一九三八年

如果你覺得這樣很煩，就離婚吧。我不反對也不贊成。老天在上，我們實話實說。是你要離開我，不是我要離開你。是你要分手，不是我。是你自找的。你的律師可以找任何理由編派我，說我「遺棄」你。自己編造一個精神虐待的理由吧，我知道你可以編，去編啊。

你說我不寫信「不可思議」是什麼意思？「不可思議」的應該是我：竟沒有衝進離婚法庭，痛訴你遺棄及精神虐待。我不寫是因爲不知道該跟你說什麼。你已經好幾次明白說過你不喜歡我，對我感到厭煩，對各種「情形、狀況和反應」也都感到厭倦已極。你不喜歡我的朋友、不了解我的朋友，甚至怨恨我的朋友。難道要我寫信跟你說：阿姆斯壯最近出版一本書，跟慕尼黑會議有關，其中的報導精彩萬分？或跟你提到美國人赫頓講的英國故事很精彩、格林對住宅政策有自己的看法，或史多帕介紹我認識瑞斯勒（這個人把列寧及托洛斯基偷偷帶進蘇聯，而他最近終於離開德國）？還是你對賽斯（Alex Sachs）寫給雷曼兄弟公司（Lehman Brothers）的備忘錄（提到墨索里尼對突尼西亞的計劃），或瑞加寫給佛多的信有興趣？想知道德塞爾斯（Raoul de Sales）對生物學家博內（Charles Bonnet）的看法嗎？還是竇加（Edgar Mowrer）在文章中如何描述摩洛（Moro-

Giafferi）及葛萊恩斯班（Grynszpan）？

你很快樂，你信中說你已經好幾年來沒這麼快活過了。恭喜你啦，看你這麼快樂我也很開心。不巧的是我卻不快樂。我不快樂，因爲我沒有家了，因爲我有一個不好帶又常生病、沒有父親的孩子要養，因爲我愛過的男人彷彿不存在，因爲我的幻想破滅，因爲我對我們生存在這個世間的悲哀已經徹底了悟。

你根本無法想像我的感受有多複雜，摻揉著熱情與憤怒、愛與恨、驕傲與厭惡、溫柔與懊悔、狂野與殘酷……你叫我寫正常的信給你，因爲你正在「放逐」中。爲了什麼？誰放逐你？

佛蒙特州的房子歸我吧。我想看那裡的紫丁香樹叢長高、榆樹長大、玫瑰在灰牆上怒放、漆樹在山坡上變紅。友朋來訪，你的兩個孩子自由自在生長其間。誰知道呢？說不定有一天你自己會回來，說不定你在走過另一段漫漫人生路後會混得更差——不論就事實或預言來看都是如此。

寫信人：梅寶・路漢（Mabel Dodge Luhan, 1879-1962），富家千金

收信人：摩里斯・史登（Maurice Sterne, 1878-1957），後印象派畫家

時間：約一九一八年

**戀情提要：**摩里斯是梅寶的第三任丈夫。梅寶家境富裕，並樂於資助左派激進份子及藝術家，如作家 D.H. 勞倫斯（D. H. Lawrence）、凱瑟（Willa Cather）和畫家歐姬芙（Georgia O'Keeffe）等都曾受其資助。一九一五年，摩里斯和梅寶在紐約一場鄧肯的舞蹈表演中相識，一九一七年八月結婚。兩人離婚之後，梅寶嫁給她在新墨西哥州陶斯鎮（Taos）認識的印地安人。

**佳句摘錄：**我不是那種會與眞正的朋友絕交的人；如果我眞的和朋友「絕交」，那他就再也不是我的朋友，我也不會想起他。

# 約一九一八年三月二十一日，陶斯

親愛的摩里斯：

我不太明白你信中爲何會用這種語氣，你以前不是這樣的。我現在沒辦法去東部，如果你決定要離婚的話，那我們就離婚吧。你把別人的閒言閒語看得太嚴重，他們以前也說過你的，只是我沒告訴你罷了。紐約的人不可能比陶斯的人更了解我的事。兩天前我在家裡開派對，幾乎全鎮的人都來了，可見他們對我的感覺和東部的人是不同的。我還記得在西部生活的片段。感謝上天保佑西部。

如果你想離婚的話，你當然就不能再從我這裡拿錢——也許金額不多，但總是你一部份的收入。我很抱歉。我本來希望這些錢能讓你自由做想做的事情。我不認爲你在工作上的低潮是我的錯——你總是在低潮——你也不會這麼想吧。如果我是你，我會努力工作，不管別人的閒言閒語。然而，如果你還是想離婚的話，我會如你所願。我現在心無大志，身心健康且知足。如果布瑞爾醫生見到我現在這樣，一定會很欣慰。

我說過我現在不能到東部去，因爲奧斯汀太太現在在此作客，還有其他的客人要來。如果我幾天後有空去東部，我會去的，但絕非因爲屈服於你的威脅。

我不是那種會與眞正的朋友絕交的人；如果我眞的和朋友「絕交」，那他就再也不是我的朋友，我也不會想起他。我向來盡一切努力尋找生命的意義。盡我所能，不自我放縱或心存惡念。我們曾帶給對方歡樂，也彼此傷害。但不要怨恨彼此。

梅寶

寫信人：克拉拉・寇比（Clara Bewick Colby, 1846-1916），記者、報社編輯及女權運動者

收信人：里歐納多・寇比（Leonard Wright Colby, 1846-1924），前參議員及律師

時間：一九〇三年

**戀情提要**：克拉拉與里歐納多於一八七一年結婚，並陸續收養了兩個孩子。寇比夫婦尚未分居之前，里歐納多即與祕書瑪麗有染，瑪麗並為里歐納多產下一子。根據傳記作家布魯柏（Kristin Mapel Bloomberg）的說法，克拉拉希望瑪麗能把孩子交給他們夫婦撫養，但為瑪麗所拒，因為瑪麗認為這個兒子是她自己將來扶正為正室的關鍵。

寇比夫婦於一八九四年分居，但直到一九〇六年才離婚。那年八月十一日克拉拉在日記中寫道：「早在十年前，我就應該為了維持妻子的尊嚴挺身而出，但我偏偏又受愛情和禮教所束縛。我一廂情願，活在幻想裡面，以為我的容忍可以把他贏回身邊。要是我當時能夠忍痛做個了斷，我的生命該會有多大的不同……」

以下這封信是克拉拉拒絕丈夫離婚要求的信。

**佳句摘錄：**雖然你想盡辦法要把我逐出你的世界，好麻痺你的良知，讓你爲所欲爲；我還是深信我們是天作之合，我們的結合是永恆的。是以，我怎能答應你的要求？我們凡人怎能拆散上帝安排的結合呢？

## 〔聯邦婦女平等協會〕

# 一九〇三年八月二十一日

我摯愛的丈夫：

儘管你說我們之間已經有名無實，我還是認定你是我親愛的丈夫。我想你受到稍縱即逝的感官刺激所蒙蔽，已經遺忘了我倆的心與靈有多契合。我們同年同月同日生，又飄洋過海而相識，本來各自都有不少異性朋友，卻選擇了與彼此相守；這一切不會是偶然的。我們有相同的抱負、品味和道德觀；這是我們結合一生的基礎。我們在上帝和朋友面前立下莊嚴的誓約，承諾我們的結合至死不渝。

你還記得你的結婚誓詞嗎？我倒是記得我的誓詞中有這麼一句：「如果上帝准許，我在死後還要繼續愛你。」肉體上的背叛尚不足以毀了這樣深刻的相知相惜，眞正毀了我們婚姻的是你執意要拆散我們。雖然你想盡辦法要把我逐出你的世界，好麻痺你的良知，讓你爲所欲爲；我還是深信我們是天作之合，我們的結合是永恆的。是以，我怎能答應你的要求？我們凡人怎能拆散上帝安排的結合呢？

你身爲律師，經常輕率地替人辦離婚，大概早已經習慣站上離婚法庭以逃避責任的現代做法了。讓我提醒你，在我家族眾多的親戚當中，從來沒有人分居或離婚；要是發生了這種事，肯定將成爲奇恥大辱。離婚是承認自己軟弱、失敗、怯懦、因爲一時的衝動而犧牲了自己的名聲和責任。二十多年來我們相擁而眠，因爲知道對方是清白而健全的，所以深深爲對方吸引。這是世間眞正完美的結合。在所有重大議題上，我們的看法完全一致。我們是穩固不移的同盟；我們家是全城社交界的中心，往來的是全州甚至全國的頂尖精英。原本我們事業看好、廣受鄰里敬重、朋友眾多、在州內也有影響力。我們各自有成，相互輝映。自我倆勞燕分飛以來，情況是已經有了改變，但還不到無可挽回的地步。我們還有機會，就像那些從經驗中得到教訓，重回上帝懷抱的人一樣。

你離開華盛頓的時候，曾說有意搬到丹佛或鹽湖城；但你一次也沒有暗示說搬家的是你一個人，而不是我們一起。上次我們見面時我問你這件事，你說財產還沒有處理完之前不能走，意思好像是你並沒有改變心意。所以我一直在等你買房子，一起搬過去。

你很清楚，要我出面幫你解決你的感情問題有多麼痛苦難堪，需要多大的勇氣。我還以一個母親般的溫柔來對待那個犯錯的女人，爲的就是保全你的面子，以免你一時失足而無法自拔。

我從來沒有向人透露那段可怕的日子，連我妹妹都不知道。所以如果全城議論紛紛，甚至愈傳愈遠，那可不是我的錯。當初我以爲你只是一時出軌，將來必不再犯；你對她不過是肉體上一時軟弱貪歡，而對我的愛卻是永恆不移的。爲了替你的缺席圓謊，我強忍痛苦說你的好話，堵住他人批評和猜疑的嘴。我一直自信滿滿，深信你將會回到我身邊，重拾我倆體面、信任、平和的生活。我一直都準備好的，就等你開口而已，我在之前的信中也一再這樣表示。但讓我極度失望的是，你一再拖延這樣不堪的局面，我根本無法著手重建我們的家。不過我依然抱著希望，盼望這些年的經歷能讓你更清楚什麼是眞正的價値所在，什麼是眞正幸福的基礎，因之回頭尋覓家庭和朋友的溫暖相伴。你曾經寫信問我說是否對不起你——上帝在上，我從來沒有對不起你，你不要誣衊自己年輕時的信任。雖然我倆已分道揚鑣，但我仍日日與你緊密相繫，夜夜為你祈禱；我也祈求上帝，一旦時機成熟，我倆重新聚首的時候，我們的靈魂都因苦難而更加成長。我一直努力自持，追求外表的美好與智識的成長，並保持與社交圈的友好關係；希望我倆破鏡重圓之時，我會比以往更加美好。

你既不知如何善後，我倒是有個建議：不如給她一筆錢從此了斷，與我從頭開始。只要我倆在一起，我們可以度過所有橫逆，烏雲終將散盡。你在信中說，你不想再遮遮掩掩了，你希望讓一切浮上檯面。這正是我多年來所等待的一刻，你的良心終於覺醒了。你跟我在一起的日子，是你生命中最美好的一段時光，包含所有年輕時最珍貴的回憶——大學時代的友誼、社交生活和公職上的種種名聲……

相較之下，你沒有我的這段日子又是如何呢？我也不想多說了，只要你捫心自問，哪一段才是你可以割捨的呢？你將來的日子又要如何過下去呢？好好清醒地想一想吧。

如果你仍然沉迷於現下的局面，不但會導致親痛仇快、眾人冷眼相待；而且你在政壇的前途也將黯淡無光，政敵絕不會放過你的。這會是你一輩子擺脫不了的陰影，你一輩子都會受到良心的譴責。你也無法給她幸福，因為一個得不到社交圈好臉色的女人早晚都會陷入絕境。那個女人不會相信你的誓言，因爲你已經背叛過一次，難保沒有第二次。而你自己也不會幸福，當激情褪盡——以你的年紀來說，這應該很快——單純的肉體之歡是不能滿足你的。但她除了肉體之外，又還能給你什麼？祈求上帝能指引你，以唯一可行的方法來解決這件事，讓我倆的生命能夠重新發亮，受人敬重。

這一次，我們一定要「行所當行」，不能再聽任一己的私心。即使個人必須做出小小的犧牲，也要做對的事情。你對我的誓言是在聖壇前立下的，是受到祝福的；違背此誓的所有新誓言都屬無效。

我心急如焚，在此僅能表達我的眞心與堅持於萬一。你一定要聽聽我用生命對你說的話。一定要用你的眞心來回答我。

我不知多少次在名字前簽下「你永遠的」和「始終如一的」。現在我以心頭的鮮血再簽一次——

你永遠的，始終如一的

克拉拉・寇比

信末我得告訴你本區新的離婚法令，或許你有所不知。現在只有通姦才能獲判離婚，而且要提出通姦對象的名字。你要告我嗎？你在自己的選區受得了這種恥辱嗎？

寫信人：尼娜・圖莫（Nina Eliza Pinchback Toomer, 1868-1909），美國州長之女
收信人：納森・圖莫（Nathan Toomer, 1841-?），美國南方商人
時間：一八九七年

**戀情提要：**尼娜的父親是美國第一位有非裔血統的州長平區貝（Pinckney Benton Stewart Pinchback）。平區貝覺得納森不正派，並不贊成女兒和他交往，但兩人交往後不久便結爲連理。年逾五十的納森是南方人，自稱祖先曾在北卡羅來納州擁有黑奴與農場。婚後九個月，尼娜產下一子，後名尚恩・圖莫（Jean Toomer, 1894-1967），成爲哈林文藝復興運動（Harlem Renaissance）的健將。納森屢次不告而別，從不解釋離家遠行的原因。一八九五年九月，也就是這封信寫完後一年多，尼娜訴請離婚。一九〇九年，尼娜因闌尾炎惡化而病逝。尚恩相信，母親一生的坎坷乃因父權壓迫使然，是以其文學創作除了宣揚黑人民權意識，還表達捍衛女權的立場。

**佳句摘錄：**我原本擁有快樂的家庭、慈愛的父母，而你，明知自己既沒能力也不願意給我安穩的生活，仍舊誤了我半生；離婚就算是你對我的補償吧。

# 一九九七年七月八日

你：

你在六月二十七日寫的信我已及時收到，一直試著找時間回你信；然而時值酷暑，我又有小寶寶得照顧，所以拖到現在才動筆。

你要我舉出一件你做錯的事。怎麼可能只有一件？也許在上帝的眼中，你所做的種種只算是一件小事。只要回顧一下你婚後的行爲，就足以證明你所說的愛我都是假的；而我對你的信心也早就蕩然無存。

三年多前的三月，我離開幸福溫暖的娘家嫁給你。我全心全意愛你，也願意嫁雞隨雞。在操持家務上，我善盡爲人妻的全責；所有家事和三餐，我一肩扛。出嫁之前從來沒有人要我做過這些事。我當然做得很吃力，但我也歡喜承受，好讓你知道我多麼愛你。要是你留在我身邊，繼續扮演爲人夫的角色，我什麼都可以爲你犧牲。

結婚之前我相信，你能給我一個溫暖的家跟不錯的生活。這是你一人的責任，因爲你早先對此千保證萬保證，還在婚前給我一筆錢，要我買房子、布置新家，強調你願意承擔一切。

建立新家之後半年，夏天過去了，我問你要買地毯的錢，你信誓旦旦再三允諾，又再三食言。那是我第一次開始懷疑，你手頭其實沒有你所說的那麼寬裕。在我們跟我父親同住的那段時間，你一毛錢也沒給過他老人家。其他還有一些事情證實你的財務狀況有問題，不言自明，我在這裡就不一一翻舊帳了。總之當時我相信，在經濟能力的問題上，你一直在騙我。這樣的體認讓我不得不更小心，但我對你的愛並沒有減少；我決定接受這個事實，窮也要窮得快樂。

但從新婚期間開始，你就常常不辭而別，出了門也不知何年何月會回來；而這個家，你卻又根本供不起。我無奈：這個地方我們是住不起的了。這樣一來，即使我很不想在南方定居，還是努力說服自己，並寫信告訴你，我已經決定搬到你的南方老家去住。你爲何對我的提議不置可否，你自己心知肚明，不該因此說我沒良心。

我們是在三年前的三月二十九日結婚，但六月你就不見人影，直到八月中才回來。九月下旬你再度失蹤，回來的時候已經是十二月二十三日——過沒三天我們的兒子出世。孩子滿月沒多久你又跑了。你回來的時候，我剛好生病，你一進房間就衝著我說：「又躺床上啦？我早就知道了，看妳懶的。」在那種情況下，你用那種方式跟我打招呼，我還能說什麼？事態就此每況愈下。

夜復一夜，你總是晚歸，把生病的太太跟寶寶留在家裡；有一次還徹夜未歸。早上吃完早餐你就出門，直到晚上六、七點才回家，丟我一個人忙家務和照顧小孩。這一切早就超過我的忍耐極限，結果有天早上我就在浴室昏倒了。等我醒來，人躺在床上，連手都舉不起來，好幾天才能下床。我身體好點之後，下定決心要掙點錢，找個地方補補身子。但是，如果要叫我向父親求助，讓他替我操心，我寧願病死。於是我拿你給我的鑽戒當抵押，向麥金利先生借了三十塊。然後告訴你我要出門一陣子，你問我：「妳哪來的錢啊？」我照實說了。我不記得當時你說了什麼，但你話裡帶的刺，我永遠不會忘記；那種傷害不是時間可以磨滅的。不過我記得當時的自己義憤填膺，反倒是你出言不遜之後，自己不好意思起來。我把寶寶帶到哈波渡口（Harpers Ferry）待了四、五個星期，回家的時候病情好點了，但談不上康復——又生病又缺錢，既要煩惱你不肯養家，還要擔心你在外頭搞七拈三，當然不可能恢復健康。

前年十月，你又一次離開了病中的我；當時家裡只剩五塊錢。你叫我花完那五塊錢之後，找麥金利先生想辦法，結果他又給了我三十塊；等到這次用完，連他也不願意再幫忙了。不過，後來你寄的三次錢我都收到了，特此通知：一次六塊、一次二十五塊，最後一次十五塊——在九五年十一月十四日之前，你總共寄了四十六元回家。

你寄回家的錢實在太少，再加上你始終不讓我知道你在外面的事情，我太不放心了；於是我決定放下所有的家務，儘快把房子租出去，另外找個合適的地方住下，等你回來再說。於是從那年的十一月起，房子不再由我打理，家具也借放在我父親那裡——多虧他老人家心軟，東西才不至於沒地方擺——食宿則有勞亞伯特太太幫忙。起初的半年裡，咱們的空房子甚至還找不到房客。

後來你又寄了六十元來，此後就再沒給過半毛錢。從你離家出走到再也不寄錢回家、完全斷了音訊的這段期間，你總共只吐出一百零六塊錢。這點錢不但不夠用來支應家中的吃穿和其他開銷。還讓我飽受羞辱、尷尬至極。這還不算，你竟然連信都懶得回。我只好承認自己的小孩確是被你惡意遺棄了。但是，即便希望渺茫，我還是心存期盼。我向亞伯特太太租下的房間續租到一八九六年八月一日，就是在等你回來。那可眞是漫長而折煞人的八個月啊！世上還有哪個妻子像我一樣堅貞不移？

丈夫拋棄我、小孩嗷嗷待哺，我自尊飽受打擊，更對我愛的人失望透頂。我不得不尋求援手，而我只有兩條路好走：要不就想辦法把家裡的空房間通通租出去，要不只好回去投靠父親。想到孩子的未來，第一條路顯然不可行；我只好帶著孩子回娘家。這眞的是很痛苦、很痛苦的決定，但對走投無路的我來說，卻又非如此做不可。慈祥的父親終究慷慨地接納了我跟孩子，使我們重溫幸福的家庭生活直到如今。

我跟你的婚姻史大抵如上所述。如果你有辦法證明，在那段時間裡，你曾經警告過我不要高估你對我的愛、不要對你善盡丈夫責任的意願跟能力懷抱信心，我倒想聽聽那是哪年哪月的事。我若是再度放棄目前溫暖的家庭，任你把淒慘跟匱乏強加在我身上，還奢望你能養活我，豈不是愚蠢至極？

你說，你已經做好準備，也願意讓我跟小孩享有爲人妻小應得的。且讓我這樣回答你：別忘了，你離開我跟孩子的時候，正是你最有義務留下來的時候，也是一般人最捨不得妻小的時候。但你卻無故離去，任由我們三餐不繼。尤有甚者，這麼長的時間裡，你既不寫信回來，也不回我的信，讓我在身心受創之餘還飽受屈辱，只能把你所做的一切視爲惡意遺棄。基於自尊，也爲了自己好，未來的日子裡，我既不會接受你的關愛，也不會相信你對養家活口的保證。

你不該只圖自己方便就離我而去，放我自生自滅，然後心血來潮時又跑回來，好像這家只是我一個人的，任你自由去去。你出走至今快滿兩年了；等兩年時間一到，我就向法院訴請離婚。我確信，唯有跟你了無瓜葛，我才會快樂。我並不恨你；因爲你是我孩子的父親。我對你也沒有反感；你若願意回家看看兒子，我不會阻止。在法律上來說，孩子有權繼承你，若你想爲扶養他盡點力，我樂觀其成；只是我對此既無期待，也不會開口求你。我會盡全力把他拉拔大、把他教好；只要上帝恩賜我們苟活，即使現實條件再惡劣，我都會把他教成一個有用正直的人。我的經濟能力非常有限，養育孩子其實很困難；但我現有的、我掙來的每一毛錢，只要需要，都會花在他身上。

最後一次跟你談話時，你說，如果我想離婚，你悉聽尊便。這對我來說倒是好消息。我原本擁有快樂的家庭、慈愛的父母，而你，明知自己既沒能力也不願意給我安穩的生活，仍舊誤了我半生；離婚就算是你對我的補償吧。更何況這對你、對我、對孩子都好；至少我們之間還能維持友好，這對兒子來說應該是件好事吧。

尼娜

寫信人：愛倫・格雷夫斯（Ellen Coile Graves）
收信人：亨利・格雷夫斯（Henry Graves）
時間：一八四四年

**戀情提要：**根據賓州檔案中的離婚紀錄，愛倫和亨利在一八四一年十一月結婚，但隔年九月愛倫就棄夫而去。社會學家史密斯（Merril D. Smith）指出，婦女遺棄丈夫「在十九世紀愈來愈常見……有些婦女嫁給了自己並不愛的丈夫，即使丈夫深愛著她」，「像是愛倫・格雷夫斯這樣的女性，在她所預期的愛沒有實現時，感到陷入困境，鬱鬱寡歡，有時會因不愛丈夫而感到內疚」。離開亨利後，愛倫不再用丈夫的姓氏，在賓州開了一家小飾品店。愛倫離開兩年之後，亨利提出離婚訴訟，指控愛倫「惡性遺棄丈夫、不履行同居義務已達兩年之久」；以下這封信是呈交法院的作證文件之一。值得玩味的是，原信除了錯別字很多以外，完全沒有標點符號。

**佳句摘錄：**我並不像那些看似多情其實冷漠的人，只要人家獻殷勤就馬上給予回應。我沒有辦法強迫自己去愛一個在感情上不契合的人。

# 一八四四年十月十三日，費城

亨利

我想以你對我的認識應該可以了解 我從來沒有回到你身邊的念頭 對此你不應該還抱持任何希望才對 發生了這麼多事 我對你又從來沒有深切的感情 因此要我與你平靜過日子是不可能的 我並不像那些看似多情其實冷漠的人 只要人家獻殷勤就馬上給予回應 我沒有辦法強迫自己去愛一個在感情上不契合的人 沒有情感而與你結婚 眞的是個天大的錯 然而我當時以爲你的寬大與溫柔可以讓我愛上你 你並沒有受騙 結婚時 我以爲愛上你非常容易 我努力了三個月 沒有一個女人像我一樣 但是每一天過去 都把我推得更遠 而不是讓我更靠近你 我放棄了 因爲我覺得我不可能會眞正愛你 我已經爲自己的欠思慮付出代價 很抱歉你還愛著我 但我相信這封信能夠有效斷絕你對我不幸的愛慕 不要再等我因爲我絕對不會回頭 現在讓我嚴肅地告訴你 我們在這世上將永遠分開 不要再有錯誤的期待了 免得最後卻是滿懷的失望 我眞心希望你好 希望能聽到你婚姻幸福 也祝你事業成功 母親希望我能代她向你及家人致意 也請你替我向你的家人問好

請相信我是你的朋友

愛倫

寫信人：安妮公主（Anne of Cleves, 1515-1557），原克勒弗公國公主，英國王后
收信人：亨利八世（Henry VIII, 1491-1547），英國國王
時間：一五四〇年

**戀情提要**：亨利八世和安妮公主兩人成婚是經由媒妁之言。初次見面時，亨利就對這位第四任王后的相貌頗有微詞——據傳亨利形容她長得像「法蘭德斯的驢子」，且很快就情陷年輕貌美的霍華德（Catherine Howard）。安妮公主和亨利八世成婚七個月之後，亨利八世要求宣告婚姻無效。安妮對亨利八世撤銷婚姻的要求逆來順受（亨利八世曾對第二任皇后安．波林處以斬首之刑，參見第181頁），並依照亨利的要求，以此信證實他們並無圓房，同意亨利離婚之請。

# 一五四〇年七月十一日，瑞甘蒙

吾王聖明，有鑑於陛下之重臣謀士先後多次相告，吾王與臣妾之婚事，啓人疑竇之處甚夥，眾臣請求陛下將此事交付神聖之主教裁決，是以妾乃提筆作此書，表明妾亦願交由主教裁決之心志。望吾王明悉，妾一心愛戀王上，故此舉實令臣妾悲慟不已，然妾敬畏上帝與眞理更甚，故願將一己託付大公無私之主教審斷，並將凜遵恪守其裁決。主教雖然未判，妾已知其決定，仍於此明志，願接納一切裁決，將自身託付於陛下之仁德與福祉。陛下與臣妾本無夫妻之實，故臣妾必不能再以陛下之妻室自居，然臣妾以卑賤之身，仍以一事乞求於陛下：如蒙恩准，請陛下許臣妾爲宮中婢女，如能偶伴陛下左右，已爲臣妾莫大殊榮。今眾臣在旁相慰，言陛下必視臣妾爲姊妹，臣妾由是感激涕零。

吾王在上，妾懇求上帝庇祐陛下福健康泰，國運昌隆。

陛下卑微之姊妹與婢女
克勒弗公爵之女安妮

# 親愛約翰篇

這類分手信是指女性寫信給服役中的男友，宣告彼此的感情已經降溫或結束——也就是俗稱的「兵變」。

「親愛的約翰」（Dear John）一詞現在用來統稱所有女方要求與男方分手的信；但這個詞彙卻是起源於軍中，唯時地皆不可考。《美國傳統英文辭典》（*American Heritage Dictionary of the English Language*, 2000）中將之定義爲「向服役中男性提出分手或離婚的信函」。另外，《藍燈書屋美國俚語辭典》（*Random House Historical Dictionary of American Slang*, 1994）引述一九四五年的某一期《羅徹斯特民主黨員紀事報》（*Rochester Democrat & Chronicle*）的說法，謂當時有一個電台節目總會誦讀許多寫給「親愛的約翰」的信件，因此而產生「親愛約翰」一詞。不過，先後服役於英國、澳洲行伍的老兵麥金雷卻說，在一次大戰爆發前就有這麼一首流行歌曲，其副歌歌詞如下：

親愛約翰　我好愛你
親愛約翰　即將別離
親愛約翰　我好愛你
親愛約翰　相隔兩地

姑且不論「親愛約翰」這個詞彙的起源究竟爲何，這種分手信著實令男性痛苦萬分——他們說「親愛約翰」十分「殘酷」、「令人心碎」、「晴天霹靂」、「摧毀人心」。參與過越戰的退伍軍人卓柏說：「有幾件事情我記得非常清楚，到現在還歷歷在目：第一次被開槍、第一次遇上迫擊砲、第一次血流滿地，還有第一次收到親愛約翰。」打過韓戰的威特則回憶說，他有位好友在一九五一年戰死，結果他在這位至交的遺體上找到一封「親愛約翰」；女方甚至在信中描述她與第三者發生親密關係的情形。於是威特在好友的遺物後送回國之前，逕自把信燒了。史雷吉（E.B.

Sledge）在《老驥伏櫪》（*With the Old Breed*, 1981）一書中也提到一個二次大戰時的海軍陸戰隊士兵，在女友的信中獲悉對方結交了不同膚色的新男友；收到信的隔日，這名士兵於兩軍交鋒時突然站起，任由敵軍射殺。

但也有人幽默地看待親愛約翰。小說家沙爾特（James Salter）回憶二次大戰時他被派駐菲律賓的美軍單位，當時的美軍電台有個製作粗略的節目（也許就是前述《羅徹斯特民主黨員紀事報》提到的那個），以大聲誦讀眞人眞事的「親愛約翰」爲主要內容，聽眾反應熱烈。「這個節目很受歡迎，因爲該節目宣稱每一封朗讀的信都是眞人眞事，」沙爾特說：「有人邊聽邊起鬨……每個人都在大笑，笑這些令人心酸的信。節目中還在朗讀信件時配上哀愁的小提琴配樂。」也有人在收到親愛約翰時故意以促狹方式大聲誦讀並錄音；這或許是因爲他本來就料到會收到這封信，但也有可能是爲了保持男子漢的堅強形象，所以用笑聲取代哭泣。

親愛約翰有時帶來噩耗，有時惹人發噱；但撰寫這些信的女性常常因爲身爲主動要求分手的一方而遭人非議。谷蒂絲曾經寫過一封親愛約翰給服役中的男友克拉瑪，後來這封信被克拉瑪寄到雜誌社發表。信的內容雖然只有三行，谷蒂絲卻被憤怒的讀者投書圍剿——最後谷蒂絲還是和克拉瑪結了婚。有個故事是說一個士兵在收到親愛約翰之後挾怨報復，把一堆陌生女子的照片回寄給前女友，並宣稱自己的艷遇多不勝數，早就忘了對方是誰，希望對方在回信中註記哪一張照片才是她的。

還有一位退伍軍人說，每一封送抵海軍軍艦的親愛約翰，都會被艦上官兵傳閱，好事者並以「最不堪入目、充滿恨意的回信或電子郵件」塞爆寄件者的信箱。筆者還發現「親愛約翰」還有另一種形式，就是女方把自己和新男友動作親密的照片或錄影帶寄給服役中的男方作爲暗示。有的男生收到這種親愛約翰，還故意轉寄給女方的父母。

美國戰時風行的婦女新知叢書，大多勸誡女性「以大局爲念」，暫且壓抑分手的念頭，不要寄出親愛約翰。「來自家鄉的壞消息，對士氣的打擊最嚴重，」美國西點軍校講師克拉克（Kevin Clark）說：「親愛約翰好比特洛伊戰爭的木馬。奉派前線的軍人，極度渴望書信與來自家鄉的消息，從古至今皆然……興高采烈地拆開信封時，赫然發現一封親愛約翰，可是很大的打擊。」瑞德（G.A. Reeder）的《烽火魚雁》（*Letter Writing in Wartime*, 1943）收錄有〈爲人女友守則與禁忌〉一節，其中描述軍中男性「喜歡胡思亂想，總覺得妳夜夜笙歌，還被成群的求愛者包圍。在他們的想像中，這些情敵大多比自己英俊十倍、聰明至少五倍」。因此這篇文章力勸女性讀者不要「在信中告知他們惡夢已經成眞」，還替變心的女人扣上不愛國的帽子：「就算妳覺得自己會在對方退伍之前變心，也要再三表明妳的愛（就算不爲他設想，也爲自己的國家想想）。」但瑞德也強調，女性應在家書中偶爾提及別的男人，「否則妳的男友會起疑。但這些男人最好是遠親或是五十來歲的阿伯，不致對妳的男友構成威脅」。

關於親愛約翰的故事俯拾皆是，但要收集眞實信件卻不容易。自陸軍退役的作家藍寧（Michael Lee Lanning）便說，當年軍中弟兄焚燒親愛約翰、沖進馬桶的習慣，儼然成了某種儀式（一說有些士兵將親愛約翰的信紙當成廁紙）。打過越戰的陸戰隊老兵杭特則說，他的同袍會把親愛約翰貼在部隊辦公室牆上，任它們被撕爛、破碎、四分五裂。因此筆者能蒐集到以下幾封親愛約翰著實不易；能將這些未曾出版的信件首度公諸於世，令我感到十分快慰。

寫信人：貝琪（Betsy）

收信人：班（Ben），美國現役海軍

時間：二〇〇一年

**戀情提要**：班恩在美國海軍兩棲運輸艦克利夫蘭號上服役時，收到女友貝琪寫的這封電子版「親愛約翰」。

**佳句摘錄**：班，我對不起你，我很抱歉，也不知道怎麼會陷得這麼深。最糟的是我竟然不後悔。

班恩：

我搞砸了。我不知道還能怎麼說。很抱歉耽誤你那麼久，讓你被矇在鼓裡。也很抱歉沒接你的電話，因爲我不知道該說些什麼，又從何說起。不過我知道我還是欠你一個交代。但即使不是用說的，用寫的也還是很難。我很害怕。只要想到遲早得當面把這些事情說清楚，我就愈想愈害怕，不知該從何說起。你每次談這些事情的時候總是很激動，剛開始我也是。現在回想起室友瑪莉莎在我們一起搬進去後態度大變，以及事情後來變得有多麼不可收拾，我就在想這是誰的錯，也覺得自己眞的很不負責任。我想我就是搞砸了。

班，還有很多事我該對你說。剛開始時我常跟蕾茲一起出去玩，兩人常膩在一塊兒，但她有了男朋友之後，就不肯再跟我出去，只想跟男朋友在一起。這點我了解，我跟你以前也是這樣，所以我開始跟班上幾個男孩子出去玩。剛開始時一切都很酷，後來我開始對其中某個男孩動了感情——我不知道是眞的動了情或只是因爲寂寞。我幾乎天天打電話給我媽，問她我該怎麼辦。她也認爲可能只是寂寞使然。我好想再被擁抱、親吻，最主要是我好想你。眞的好痛苦，班。

我試著只說重點，但是我知道這會傷害你很深。我不想傷害你，但是又必須告訴你。知道你在那裡想我，擔心我是否無恙，卻又完全不知我背著你做出這樣的事，使我無法忍受。我萬萬想不到，我竟然忍心對自己深愛的人做出這種事。班，我對不起你，我很抱歉，也不知道怎麼會陷得這麼深。最糟的是我竟然不後悔。我知道自己還愛著你，也會永遠愛你，但是我對他也有感情。

希望這一切不曾發生，但我不能對你說謊。傷害到你確實使我後悔無比，也遺憾我們之間將會永遠有裂痕。但最悔恨的還是我把你矇在鼓裡這麼久。我沒有你想像中完美，這點你必須了解。我本來以爲鼓起勇氣寫這封信會使我好過些，但結果並沒有。不知你收到這封信會有什麼反應，但我希望你回信，好讓我知道你的感受。無論如何，請你一定要回信。

貝琪

寫信人：卡蘿（Carol C.），美國大學女生

收信人：麥克．漢森（Michael Hansen），駐摩洛哥服役美軍

時間：一九七一年

**戀情提要：**麥克頭一年服役時派駐在佛羅里達州，兩個月後認識卡蘿，兩人很快陷入熱戀——當時卡蘿十八歲，而麥克二十歲。翌年麥克調往摩洛哥，兩人開始書信往返；他們在信中無話不談。

八個月後，麥克卻接到卡蘿寄的「親愛約翰」。他回憶說：「我還清楚記得收到那封信時的感覺。那時我正值大夜班，收音機轉到官兵之音歐洲台；我喝著咖啡，郵務兵進來遞給我一封信，剎那間，我就感覺夾在我指間的這封信不大對勁。

卡蘿以前寫給我的信，都是用固定格式的信紙，摺三摺，再放進和信紙成套的信封；但我手上這封信的信封卻是純白色的，而且非常薄。我顫抖著打開信，那粉紅色三孔式活頁紙讓我毛骨悚然。我讀了一遍又一遍，試圖了解她所謂的『像你這樣的男人』是什麼意思。」

幾天後，麥克回信給卡蘿，表達他的失望之情。八年後，麥克和另一個女孩結婚，生下兩個小孩，婚姻幸福美滿。

**佳句摘錄：**男人一定要能滿足我的夢想，我才會愛他。你曾經可以滿足我，但是我的需求變了，而你不再能滿足。

# 一九七一年十一月二十七日

親愛的麥克：

我很抱歉。我不知道該說什麼，但我已經變了，使我對你的愛也跟著變了。我不能再愛你了。以前還愛著你的我是另一個我，但現在的我不一樣了，我不能愛像你這樣的人。

很難說得明白，只能說你不在身邊的這段日子，我與你漸行漸遠。我們兩人喜好不同、觀念不同，所以不會有結果的。

我很抱歉，我不知道說什麼能讓你好過些——但也許什麼都不說最好。我會把你的所有照片和東西打包好，寄到你家裡。我覺得我不該拿你已經寄出來的聖誕禮物，所以等我收到以後也會寄回你家。

你是一個好人，未來一定能帶給女人幸福。但我不適合你，你也不適合我。請原諒我。我只想誠實對待你；如果我等到六月才告訴你我不愛你的話，對你並不公平。

我很抱歉。

一切都很突然。我在信中未曾騙過你，即使是上一封信，裡面也是我當時的感受。但兩個禮拜前，有個晚上我和班上一個男生一起讀書時，我突然覺得我沒準備好要嫁給你或跟你訂婚。經過兩個星期的思考後，我發現我從來就不適合你。我已經變了。加州、大學、朋友、日益增長的知識經驗和這一年的生活，大大改變了我和我對你的感情。男人一定要能滿足我的夢想，我才會愛他。你曾經可以滿足我，但是我的需求變了，而你不再能滿足。我很抱歉，但我不要你爲我改變來完成我的夢想，以贏得我的愛情，我要你做你自己。而且有一天，你的公主會出現，你可以完成她的夢想，然後一切都會美好而順利。

我很抱歉。

卡蘿

寫信人：羅絲瑪莉・史坎（Rosemarie Keller Skaine），作家

收信人：鮑伯・川茲（Bob Trentz）

時間：一九五四年

**戀情提要：**鮑伯是在未婚妻要求取消婚約後開始與羅絲瑪莉交往。後來鮑伯入伍服役，不斷寫信給羅絲瑪莉傾訴思念之情，還說當他退伍返鄉時要娶羅絲瑪莉爲妻。羅絲瑪莉當時還是個十七歲的高中女生，她收到鮑伯的信幾天後寫了以下這封親愛約翰，理由是：「我媽並沒有要我結婚，她要我先唸書，所以約會就是約會而已，沒有別的意思！」

這封親愛約翰寄出不久，羅絲瑪莉就收到回信，雖然是鮑伯署名，但是內容架構、文法、拼字都比鮑伯老練（鮑伯在前一封信中還十分驕傲地說，他已經學會寫文章要分段了）。那封「鮑伯」的回信說羅絲瑪莉的親愛約翰是「自以爲是、粗魯無禮、無中生有的肥皂劇」。雖然這封信看起來是由他人操刀，信末的附筆倒很可能是鮑伯自己寫的。他說他和他的海軍弟兄邊喝著「最貴的香檳」，邊傳閱她的信。

羅絲瑪莉後來在大學時代結婚，現在是一位作家，發表過關於阿富汗女性、兩性議題、戰時軍中女性角色的著作。

**佳句摘錄：**你曾問我有沒有把你當作一個男人看待，我的答案就看你對這封信的反應而定——看你是如何安撫自己的情緒，是用酒精、祈禱、眼淚、還是苦笑幾聲呢？

# 一九五四年年初

親愛的鮑伯：

我希望這封信只要簡單寫下「親愛的約翰，對不起！愛你的凱蒂」就結束了。但這當然行不通。約翰一定會想要一個解釋，因此還會寫信給凱蒂。爲了不想收到約翰的信，凱蒂只好先給個說法。當然，怎麼解釋也不夠。爲什麼？因爲即使有了理由，約翰還是會覺得，說不定凱蒂會改變心意。沒有人會怪約翰死纏著凱蒂，也沒有人怪約翰愛凱蒂，那我們能怪誰呢？怪凱蒂嗎？讓我們看看凱蒂心裡是怎麼想的。凱蒂有意隱瞞嗎？凱蒂從第一次約會就對約翰說得很明白，她之所以願意和約翰約會，是因爲約翰曾經被「親愛約翰」過一次——只是那次情況更嚴重，還有鑽戒、誓言什麼的。凱蒂漸漸喜歡上約翰，約翰也漸漸愛上凱蒂。後來凱蒂警覺到不能和約翰再這樣下去，她一再告訴他，但約翰始終聽不進去。她的喜歡漸漸變成了不滿，這就是爲什麼現在你會看到這麼一封親愛約翰。約翰一直問：「我做錯了什麼？我做得不夠嗎？我還可以做些什麼？」

鮑伯，你沒有做錯什麼，我只是想對你坦白而已：我已經一點也不喜歡你了。爲什麼？我無法解釋，我自己也不知道。我想是和年齡、一時的迷戀，和難以克服的情結有關吧！沒有第三者，我保證。你記得嗎？你曾問我有沒有把你當作一個男人看待，我的答案就看你對這封信的反應而定——看你是如何安撫自己的情緒，是用酒精、禱告、眼淚，還是苦笑幾聲呢？我想我已經說得很明白，不必再回我信了。如果你有哪裡不了解，再仔細讀一讀這封信。我只有一個請求，答不答應隨你：我希望拿回我的照片。我收到以後，也會寄還你的照片。說話算話才是眞君子，我說話就一向算話。

我很遺憾，

羅絲

寫信人：安妮塔（Annette）
收信人：索爾文．桑默思（Sylvan Summers）
時間：一九四五年

**戀情提要**：這封信選錄自《戰時書簡》（*War Letters: Extraordinary Correspondence from American Wars*, 2001），信中的男主角索爾文當時正在太平洋上的補給鑑阿積士號上服役。

戰後索爾文返鄉，娶了另一個女孩爲妻，婚姻幸福。

**佳句摘錄**：我知道你會怎麼想，但如果你只能擁有我一部分的感情，對你也是不公平的，是不是？

# 一九四五年三月二十五日

親愛的索：

我知道你已經很久沒收到我的信了，你也一定在懷疑是爲什麼。這是我有生以來遇到最困難的事情，你一定要了解我寫這封信有多痛苦。

索，我從來沒有騙過你，我也相信你有權利知道眞相，因爲你是這麼好的一個人。所以我要對你完全坦白——我認識了一個人，我很愛他。

我知道你會怎麼想，但如果你只能擁有我一部分的感情，對你也是不公平的，是不是？像你這麼好的一個人，値得別人全心愛你，怎麼可以只擁有一半的愛呢？再說，這對我們倆都不公平。

這不是你的錯，也不是我的錯。我們都不希望是這樣的結局，但事情就這樣發生了，我們也無能爲力。我猜這就叫做命吧。

你一直對我很好，你是我有幸認識最誠懇正直的人之一。我深信你一定很快就會遇到更好的人，能夠給你我所不能給的東西。你最能體諒人的，索，你一定會找到最好的對象。

我會把你送的禮物和戒指還給你媽媽，這是我唯一能做的事了，也謝謝她和你爸爸一直都對我很好。我很不願意讓你和他們倆承受這些痛苦，但我眞的毫無選擇。

請你試著原諒我，我眞的不希望走到這一步，但也不得不如此。很希望我們還能做朋友，但這當然完全要看你的意思了。

在此祝福你有最美好的人生——我知你若此，當然知道你配得上最好的。祝你一切順利，早日平安返鄉。

安妮塔

寫信人：維吉尼亞‧K（Virginia K）

收信人：里奧納德‧奧華薩才克（Leonard M. Owczarzak）

時間：一九四四年

**戀情提要：**維吉尼亞和里奧納德小倆口是青梅竹馬，兩人是經由維吉尼亞的阿姨介紹而認識；開始約會時里奧納德十七歲，而維吉尼亞十五歲。兩人交往後兩年，即一九四三年，美國捲入第二次世界大戰，里奧納德被徵召入伍並被派遣到太平洋戰區。他收到以下這封信時，正在索羅門群島執行勤務。

一九四六年一月，里奧納德退役返鄉後，又收到維吉尼亞的信，邀請他參加兒子週歲的生日會，並暗示說她的丈夫出差不在家，但里奧納德並未赴約。

里奧納德後來遇到他未來的妻子，並在一九四九年結婚。

**佳句摘錄：**以前你休假返家時，我倆也沒有立下什麼誓言，只是從小就關心對方而已。

# 一九四四年七月

親愛的里奧：

艾絲瑟阿姨從你媽那兒聽到說，你可能很快就會被派駐海外了。我希望你能處處小心並好好照顧自己，我會一直爲你祈禱的。

以前你休假返家時，我倆也沒有立下什麼誓言，只是從小就關心對方而已。我們全家去年冬天到弗羅里達州時，我在舞會上認識了一個陸戰隊的男生，他對我非常好。我們約過幾次會，我想我們戰後就會結婚。

請原諒我沒有等你。你知道我有多在乎你。

獻上我全部的愛

維吉尼亞・K

寫信人：露意絲（Lois）
收信人：哈利・雷斯特（Harry Leister）
時間：一九四四年

**戀情提要：**哈利和露意絲於二次大戰期間相識於德州漢斯維爾市（Huntsville）的一家雜貨店，那時露意絲在櫃檯賣可樂，哈利則駐紮在附近的陸軍基地。後來哈利被派駐到英國，收到露意絲這封親愛約翰，承認她已經結婚了。後來又寫了幾封信，宣稱已離開丈夫，並且只愛哈利一人，請求哈利資助她。但那時哈利已經娶了一個英國女孩爲妻，並搬回美國定居，所以並未回覆這些信。

**佳句摘錄：**在此我只能很沉痛地告訴你，很抱歉我犯下了無可彌補的錯誤，我想世界上不可能有比我現在更不快樂的人了。

# 一九四四年十月二十五日，星期五

摯愛的哈利：

昨天收到你的「爲何不再聯絡」卡片，所以寫下這封信給你。

我今年沒去學校上課了，並非我不願意去，但也是我自己造成的。我現在在佛利兄弟公司（Foley Brothers）上班，坐辦公室，但我不太喜歡這個工作。佛利兄弟號稱是美國最大州中的最大城市的最大商店，聽起來夠唬人吧？我不喜歡上班，我覺得好寂寞。我的雙胞胎妹妹在八月底生了個女娃兒，有九磅多重，眞是個胖娃兒啊！我兩個兄弟、一個妹夫全在歐洲打仗，家中幾乎沒有男人。抱歉沒有馬上回你電報，因爲不覺得有那麼急。不過你人眞好，還記得發電報給我。

親愛的，如果你有心娶我，眞希望你能在離開前就娶了我（雖然我們認識才幾個月）。親愛的哈利，現在只怕太遲了，因爲我已經結婚了。我並不是刻意等到你人在歐洲才告訴你，只是不要你誤會，以爲我無緣無故中斷聯繫。哈利，你知道嗎，我還愛著你，我想以後也會這樣，你在我心中永遠不變。我知道你正直、體貼、心地善良，處處爲人設想，無人能及。你是所有女孩夢寐以求的理想對象，只有條件最好的女孩才配得上你。我眞心希望有朝一日，你能找到你的另一半。哈利，我終究不是適合你的女孩，在此我只能很沉痛地告訴你，很抱歉我犯下了無可彌補的錯誤，我想世界上不可能有比我現在更不快樂的人了。我考慮離婚，但目前還不確定。你我在一起的歡樂時光，將永遠刻骨銘心，還有你送我那一只漂亮的戒指，請容我保存。

我本來可以不必上班的，上班只是爲了讓自己有事可忙，否則我會發瘋。

這封信大概不能鼓舞士氣，只是告知眞相。雖然提筆時，我並沒有打算將眞相告訴你。

希望我們可以作朋友。我已向你傾吐我的眞心，以後也常常會對你說眞心話。我有空會寫信給你的，哈利。也請寫信給我，讓我知道你的近況。

眞抱歉讓你失望，我也不好受，你能否原諒我？

愛你永不變的

露意絲

寫信人：賈桂琳・蘇珊（Jacqueline Susann, 1921-1974），作家及演員

收信人：厄文・曼斯菲爾德（Irving Mansfield），發行人及製作人

時間：一九四二年

**戀情提要**：《娃娃谷》（Valley of the Dolls, 1966）電影原著作者兼該片女主角賈桂琳在一九四二年寫了以下這封信給她的電影製作人丈夫厄文。當時他們已結婚三年，期間還有一次以上的外遇。根據希曼（Babara Seaman）爲賈桂琳撰寫的傳記《我是大美人》（*Lovely Me*, 1996）所記載，賈桂琳在丈夫被徵召入伍之後，便寫了以下這封「親愛約翰」。當時，賈桂琳正在百老匯演出舞台劇，還當場把信唸給在場的所有女演員聽。但是到了一九四四年，他們倆又復合了。

**佳句摘錄**：現在你人在軍中，一個月才拿五十六塊錢，我對你的愛也就漸露疲態。

厄文：

在艾塞克斯飯店的那段日子，我可以要服務生送大餐到房間，還可以買下所有佛羅倫斯．路絲提（Florence Lustig）的漂亮衣服，當時我好愛你。不過，現在你人在軍中，一個月才拿五十六塊錢，因此我對你的愛也就漸露疲態。

寫信人：艾格妮・范柯洛斯基（Agnes von Kurowsky, 1892-1984），護士
收信人：恩尼斯特・海明威（Ernest Hemingway, 1899-1961），作家
時間：一九一九年

**戀情提要：**艾格妮和海明威兩人於一九一八年七月相識；時值一次大戰，十九歲的海明威擔任美軍的救護車駕駛，因右腿爲榴彈所傷，被送進米蘭的美國紅十字醫院接受治療。二十六歲的艾格妮則是護士，負責照看海明威的病房。兩人日久生情——但這段戀情後來只持續了五個月。

戰後海明威回到美國張羅兩人新居，滿心以爲自己將抱得佳人歸；但艾格妮卻旋即與一個拿波里富豪墜入情網，並寫信向海明威提出分手，甚至在往後幾年否認曾與海明威相戀。

根據梅羅（James R. Mellow）撰寫的海明威傳記《海明威》（*Hemingway: A Life Without Consequences*, 1992）一書記載，海明威在接獲此信後傷心欲絕，「躺在床上病了好幾天」。但海明威對這段初戀似乎無法忘懷；日後的作品《極短篇》（參見第 287 頁）便是受此激發而撰寫，而其代表作《戰地春夢》

（*A Farewell to Arms*, 1929）中的愛情故事，亦是以這段初戀爲藍本。

**佳句摘錄：**雖然我還是很喜歡你，但這比較像是母親對孩子的喜愛，而不是男歡女愛。我也可以假裝自己也和你一樣是個孩子，但我並不是孩子啊。

# 一九一九年三月七日

親愛的小恩尼：

想了很久以後我在深夜終於開始寫這封信，因爲我深怕這封信會傷害到你。不過我確信，你不會爲此傷心一輩子。

在你離開之前，有好一段時間，我都在試著說服自己這確實是一段戀情；爲什麼呢？我們的意見似乎總是分歧，而且天天吵架讓我好累，所以我只好放棄當面長談，免得你想不開做傻事。

我們已經分開幾個月了；雖然我還是很喜歡你，但這比較像是母親對孩子的喜愛，而不是男歡女愛。我也可以假裝自己也和你一樣是個孩子，但我並不是孩子啊。而且，童年一天一天地離我愈來愈遙遠。

所以，孩子啊（你在我眼中仍舊是孩子，而且永遠都是），如果我欺騙了你也是無心的，你會不會有原諒我的一天呢？你知道的，我的心不壞，也不是有意對不起你。而現在我明白了，從一開始你愛上我，就是我的錯，我打從心底後悔。但事實卻是我大你太多歲了；現在如此，以後也是如此。更何況，我無法不面對的現實是，你不過是個男孩，小男孩。

我總覺得自己有一天會以你爲榮；但親愛的孩子，我等不到那一天，而且在事業上也不宜太過躁進。

從帕度瓦（Padua）前往米蘭的路上，我很努力地想讓你了解我的想法，只是你表現得像個鬧脾氣的小孩，而我也不忍心傷害你。現在我離你很遠，才能鼓起勇氣告訴你這些。

而且，我也已經跟人論及婚嫁了。請你相信我，這對我來說也很突然。我衷心期盼、懇求你，把事情想清楚之後能原諒我，並且好好闖蕩出一番名堂，讓大家對你刮目相看。

永遠欣賞你、喜愛你的朋友

艾姬

# 小姐不嫁篇

在這類書信中，寫信者表達對求婚者的明確拒絕。本篇所收錄的諸篇拒婚信的撰寫者多半以「婚姻會壓抑個人自由與創造力」為由婉拒求婚。

寫信人：維吉尼亞・史蒂芬（Virginia Stephen, 1882-1941），即知名的作家、女性主義先驅

維吉尼亞・吳爾芙（Virginia Woolf）

收信人：里奧納多・吳爾芙（Leonard Woolf, 1880-1969），出版商

時間：一九一二年

---

**戀情提要：**里奧納多向維吉尼亞求婚，維吉尼亞則因心意未定而拒絕。在這封信裡，她列舉了不願與里奧納多結爲連理的原因，但在信寄出三個月後兩人還是結了婚；當時維吉尼亞三十歲，而里奧納多三十一歲。婚後大約一年（一九一三年九月），維吉尼亞吞下大量鎮靜劑自殺未遂。一九四一年，她再度試圖自盡，最終溺斃於英國薩賽克斯郡（Sussex）自宅附近的奧斯河（River Ouse）。

**佳句摘錄：**我總覺得，自己有義務把一切都奉獻給你；那萬一我做不到呢？若眞是如此，那對你、對我，婚姻都不能算是最好的選擇。

# 一九一二年五月一日，薩賽克斯郡，羅德莫

最親愛的里奧納多：

首先要讓你知道（我現在手指好冰冷，不太能寫），我明天七點就會回來，這樣的話就有時間聊一聊了——但這又意味什麼呢？假設你最後還是得辭職，我猜你也沒法請假。不管怎麼說，這好好的事業眞的被你搞砸了！

還是講點別的吧。我總覺得自己給你帶來很大的痛苦——雖然有些是不經意的——正因爲這樣，我還是把話說清楚比較好。我想，你大概常常覺得自己置身五里霧中，而你的迷惑我卻一點也看不見。當然，我不大能解釋自己的感覺——這一點讓我很頭痛。縱然婚姻的好處顯而易見，對我來說卻像絆腳石。我告訴自己，反正跟他在一起一定會快樂的——彼此相伴、生小孩、生活忙忙碌碌——但我轉念又想：老天在上，我不要把爲人妻、爲人母當成我的志業。

少數幾個知道的人都說我們很合；這更迫使我深切反省嫁人的動機究竟是什麼。當然，你那強烈的意志也不免讓我生氣。或許你是猶太人也成了問題之一，有時讓我感覺好隔閡。還有，我自己也不穩定得很，沒來由地忽冷忽熱，相當恐怖。自己知道體力勞動跟疲累是原因之一，其他的原因就不清楚了。我只能這樣說，跟你在一起的時候，整

天都有好多好多的感覺在我心中此起彼落；不過也有一些感覺是永久的、逐漸滋長的。想當然爾，你會想知道這樣的感覺會不會說服我嫁給你。這該從何說起？我猜大概會吧，畢竟我沒有理由拒絕啊——但我們的未來究竟會如何，我一無所知。我自己都有點怕我自己。

有時我會覺得，人生在世終究只能獨行，無所謂分享——你會說我像座山、像塊石頭，就是這個原因吧？但我說過我什麼都想要——愛情、小孩、冒險、親密、工作（胡言亂語的，你還看得懂吧？我一項項直接列出來）。所以，我有時對你有淡淡的愛、想要你永遠陪伴我並徹底了解我，有時卻又陷入極端的狂亂和孤傲。我有時想，如果我嫁給你，我就什麼也不缺了，然後又想，還有性生活的問題？就像我前幾天老實跟你說的一樣，對你，我沒有肉體上的慾念。有些時候——就像你那天吻我時——我覺得自己像石頭一樣。但你對我這樣好，幾乎讓我透不過氣。這些都是眞的，感覺卻又好奇怪。你何必呢？我除了討喜而誘人的身體，究竟又算什麼？就是因爲你太體貼了，我在嫁給你之前，也一定要爲你多想想。我總覺得，自己有義務把一切都奉獻給你；那萬一我做不到呢？若眞是如此，那麼對你、對我，婚姻都不能算是最好的選擇。如果我們繼續像現在這樣，你放任我過自己的生活——這是我眞正想要的生活——那我們又會冒著失去對方的風險。但你又眞的讓我很快樂。

我們都期待生氣蓬勃的婚姻，永遠充滿活力跟熱情；而不是像絕大多數的婚姻一樣，總帶點死氣沉沉、得過且過的味道。我們對人生的要求好高，是不？也許我們眞能擁有這樣的人生；該有多美！

寫信講事情實在講不清楚。這陣子還發生了好多事情，我還沒講，但晚點再說也不要緊。

那張照片你喜歡嗎？我是覺得看起來太高傲了點。再另外給你一張吧。

屬於你的，

維

寫信人：維吉尼亞・史蒂芬（Virginia Stephen, 1882-1941），即知名的作家、女性主義先驅維吉尼亞・吳爾芙（Virginia Woolf）

收信人：席德尼・瓦特婁（Sydney Waterlow），作家

時間：一九一一年

**戀情提要：**席德尼是個作家，在英國外交部工作，和維吉尼亞認識多年。他追求維吉尼亞時仍是有婦之夫。

**佳句摘錄：**我認爲你有權把我摒除在婚嫁對象之外，如果我不能盡我所能地阻止你浪費生命，我想我不會原諒自己。

布倫斯威廣場卅八號，W.C.

# 一九二一年十二月九日

親愛的席德尼：

本來我想早點回信的。很高興你沒有責怪自己，因爲我很確定你沒犯什麼錯。你說的我想我都了解，而且聽來也似乎相當合情入理。

但我想我必須把當晚一些沒說清楚的地方在此釐清。我從不認爲跟你的感情有深厚到論及婚嫁的地步，這點我很希望你了解，這樣一來你可以考慮得更清楚周到些。我認爲你有權把我摒除在婚嫁對象之外，如果我不能盡我所能地阻止你浪費生命，我想我不會原諒自己。

任何時候只要你願意，請寫信給我，跟我說任何你想說的話，用你願意採取的方式對待我。希望我們無論如何仍然是好朋友。

你誠摯的

維吉尼亞・史蒂芬

寫信人：薇拉・科米薩科夫斯凱雅（Vera Fedorovna Komissarzhevskaia, 1864-1910），俄國舞台劇演員

收信人：謝爾圭・塔帝斯契夫（Sergei Tatischev, 1846-1906），外交官及作家

時間：一八九六年

**戀情提要：**薇拉與謝爾圭於一八八四年在立陶宛首都維爾紐斯（Vilnius）相遇，當時，謝爾圭表示願意幫助薇拉爭取在聖彼得堡劇院演出的機會。兩人通信數年後，謝爾圭暗示薇拉他心中的愛意，但薇拉勸他打消此念，並堅持表演藝術對她來說無比重要，是「生命中的首要目標」。

薇拉寫下這封信時，正是戲劇界即將發光發亮的新星，並擔任契訶夫劇作《海鷗》（The Seagull）首演女主角。一九〇九年，薇拉在烏茲別克的塔什干（Tashkent）演出時，全團感染天花；薇拉因而香消玉殞，但其餘團員全部倖存。

**佳句摘錄：**對我來說，冒著失去友誼的風險而拒絕您實在痛苦萬分，但我從來不是虛偽的人。我只能不顧是否會失去您的情誼，誠實說出眞心話。

# 一八九六年一月二十三日

雖然您要求我發送電報，我還是決定寫信，因爲我肯定不能以寥寥數語回應您的來信。對於求婚一事，我再回答一次——我不接受。但我不願如此草率作答，認爲應該多說幾句解釋清楚。您的來信不但使我憂心，更讓我吃驚。我們上次見面時，所有事情似乎都已清清楚楚；那時我婉拒您的求婚，您也決定繼續做朋友、放棄求婚的想法。但您後來居然又想嘗試看看，覺得求婚之事應有轉圜餘地。

唉，天知道，看您受苦也帶給我莫大的傷痛，因爲您對我如此眞誠善良又寬厚，我卻無意中給您如此無情的回報。不能接受您慷慨提供的協助，請不要生氣——我從來不曾懷疑您的誠意，未來也不會有任何懷疑。您一定難以想像，對我來說，冒著失去友誼的風險而拒絕您實在痛苦萬分。但我從來不是虛僞的人，尤其是在這種情況下，我只能不顧是否會失去您的情誼，誠實說出眞心話。願上帝眷顧您。我很抱歉。

再度致上我的謝意

薇拉・科米薩科夫斯凱雅

寫信人：莫莉・比德威（Mollie Bidwell），美國富家千金
收信人：荷西・奎洛茲（José Maria Eça de Queiroz, 1845-1900），葡萄牙小說家
時間：一八七三年

**戀情提要：**莫莉是匹茲堡富豪之女，一八七三年春天，她隨父親到古巴哈瓦那（Havana）旅行，認識了時任葡萄牙駐古巴大使的荷西。同年七月，荷西專程赴匹茲堡拜訪莫莉小姐。兩人通信五個月之後，莫莉寫了以下這封分手信。荷西接獲此信後，不顧莫莉小姐的請求，仍繼續寫信給她。後來荷西收到比德威先生的信，信中很客氣地說他女兒不希望再與荷西通信。

**佳句摘錄：**經我長期的思索之後，我深信我們倆沒有結合的可能。這是個艱難的掙扎；但即使是時間也無法改變這個決定，也沒有任何人能改變。

# 一八七三年九月二十三日，格魯夫山

奎洛茲先生：

自從您造訪匹茲堡舍下之後，我就一直仔細思量關係我們兩人未來的事。

經我長期的思索之後，我深信我們倆沒有結合的可能。這是個艱難的掙扎；但即使是時間也無法改變這個決定，也沒有任何人能改變。

如果可以的話，希望您不要再來敝城造訪，也不要再寫信給我。請幫我這個大忙。深信您一定有美滿幸福的未來。

永遠是您的朋友，

莫莉・比德威

寫信人：露西・史東（Lucy Stone, 1818-1893），女權運動先驅
收信人：亨利・布萊克威爾（Henry Blackwell, 1825-1909）
時間：一八五四年

戀情提要：露西寫這封信給亨利，說明拒絕求婚的理由。在多次拒絕之後，露西最終還是在一八五五年嫁給亨利——但並不表示露西就這麼草率地走進婚姻：結婚典禮上，新婚夫婦共同宣讀一份抗議宣言，反對傳統婚姻法中，丈夫「擁有妻子的人身監護權……擁有子女的唯一監護權……有權處分妻子勞動所得」等條文。露西婚後始終沒有改冠夫性而沿用閨姓，首開風氣之先。

**佳句摘錄：**我的生命沒有什麼窒礙難行之處，只有偶爾意識到愛情無著的時候有點悵悵。但這樣的時刻不過是大海中的一滴水罷了，我絕大部分的生活都是充實豐富的。所以就這樣下去吧。

# 一八五四年四月二十五日，俄亥俄州些奈那斯維

我的最後一場演說結束了，下一場要到下個月十日。我眞是高興極了！我多痛恨這些演講啊！但終於都結束了，而且效果還不錯，謝天謝地。親愛的亨利，我眞希望你在這，一個小時也好。寫這封信就是要告訴你爲什麼我一開始希望你過來，後來又覺得找你來也不好。我對自己說：「亨利來這邊要花五十元呢，看來不太値得。儘管我很愛他（他是我眞心鍾愛的），但我深深恐懼嫁爲人妻，想到失去現有的自由就讓我窒息。彼此總有看不順眼的地方，會破壞我倆目前的平衡穩定。凡此種種，都讓我不可能答應婚事。而要是亨利確定我不嫁他，他就不會想來了。」

亨利，你要知道，我一直都是自個兒過。我自己做計畫、自己執行，從來沒跟人商量，也不受任何人控制。我的想法、感情和生命，都是自個兒的。我爲自己開闢了一條路；這條路很棒，帶給我無比的幸福快樂，遠勝於大多數的人。我不覺得自己該冒險改變。每當我問自己：「我敢改變嗎？」心裡就會響起長長的一聲「不……」。因此我覺得讓你白花時間和金錢是不好的，所以才告訴你：「別來了。」

我一直一個人過，快樂自足，也可以繼續這樣過下去。我的生命沒有什麼窒礙難行之處，只有偶爾意識到愛情無著的時候有點惆悵。但這樣的時刻不過是大海中的一滴水

罷了，因爲我絕大部分的生活都是充實豐富的。所以就這樣下去吧。我再說一次：「別來了。」但我看了你的信，知道你並不了解我的想法，就希望可以再和你好好暢所欲言。你可以怪我自私，要你付出這麼多。要是我走以前有辦法見到你又不會惹出閒言閒語就好了，可惜沒辦法。所以來或不來都隨你。

親愛的，我最認同你的一點，就是你那份想讓生命更加美麗的企望。我們眞心追求的，就會得到。「所有你想要的都有可能達成。」我們有時會在大處成功，在小處失敗——如同《聖經》上說的：「那些小狐狸破壞了葡萄園。」但我希望你能夠愈來愈清楚自己的目標、堅持眞理而不要有過多的顧忌，如此一來，你將會發現你的生命圍繞著眞正想過的生活開展，眞正的良緣也會出現，你所有的付出都會得到回饋。晚安，期盼你高貴的生命擁有美好的一切……

真心愛你和你的家人，

露西

寫信人：夏綠蒂・勃朗特（Charlotte Brontë, 1816-1855），作家

收信人：亨利・努賽（Henry Nussey），牧師

時間：一八三九年

**戀情提要**：亨利是英國薩賽克斯郡多寧頓（Donnington）的教區牧師，在夏綠蒂寫下以下這封信的一週前向夏綠蒂求婚。夏綠蒂回信婉拒，並寫信給好友愛倫・努賽（亨利的妹妹）表示：「……我問自己兩個問題：我愛他有沒有愛到想嫁給他？我是不是那個最能給他幸福的女人？唉！愛倫，我的良心對這兩個問題的答案統統是否定的。」

**佳句摘錄**：我絕不會為了晉升已婚階級或擺脫老處女的封號，而嫁給一個我明知無法讓他幸福的好男人。

# 一八三九年三月五日，哈沃斯

敬愛的先生：

在回覆您這封信前，我似已考慮了很長一段時間，但其實早在收到這封信當下，我的心意已決，因此拖到現在才回信全無必要。

您知道我對府上素有好感，又與您的一位姐妹特別交好，因此雖然我斷然拒絕您的請求，也深信您不會指責我不識抬舉。我自認是依循良心而非任憑喜好作此決定；對與您結合一事，我個人並無反感，但我相信自己的性情無法讓您幸福。我向來對自己有幸認識的對象都會加以研究；我也研究過您的性情，知道哪一種女性最適合您：性格不能太鮮明、太熱切、太特立獨行——脾氣要溫和、對上帝要虔誠、性格要平衡愉悅、「個人魅力」足以賞心悅目，讓您顏面生光。至於我，您並不了解，我並不是您想像中那個嚴肅認眞、頭腦冷靜的女人，要是您娶了我，會發現我浪漫而古怪——您一定會這樣認爲。您會說我好嘲諷而嚴苛——無論我如何撇清——而覺得受我所騙。是以，我絕不會爲了晉升已婚階級或擺脫老處女的封號，而嫁給一個我明知無法讓他幸福的好男人。

這封信最後，我要眞心感謝您所提有關到多寧頓附近那所學校任教的建議。您對我如此有心，我實在無比感激，但目前我無以保證成事，因此恐無法考慮此一提案。聽到您一切安置妥當，身子也大好了，甚感安慰。我深信上帝會持續眷顧您，同時我也十分感佩您信中所展現的善意，且並無任何浮誇不實、言不由衷的客套話。再會！希望能繼續與您爲友，收到您的來信。

請相信我是您真摯的朋友，

夏・勃朗特

寫信人：芬妮・凱莉（Fanny Kelly, 1790-1882），戲劇女伶

收信人：查理斯・蘭姆（Charles Lamb, 1775-1834），散文家

時間：一八一九年

**戀情提要**：查理斯於一八一七年看過芬妮幾場演出後，大爲傾心，不但將芬妮介紹給他的朋友們認識，且從此愛上了她。兩年後，查理斯寫信向芬妮求婚，坦承這些年來一直對她相當心儀，但要是芬妮回絕，他也不會「受到打擊或感到懊惱」。查爾斯寫信求婚的同一天，芬妮就寫了以下這封回信。他們兩人後來一直是好朋友。

**佳句摘錄**：我心早已屬意他人，世上沒有任何事能改變我的心意；因此，我不得不毅然決然地拒絕您的求婚。

# 一八一九年七月二十日

我心早已屬意他人，世上沒有任何事能改變我的心意；因此，我不得不毅然決然地拒絕您的求婚。您如此看重我，我並非毫無體會，也深感榮幸，然而，我希望有關我倆婚配之事的任何想法，都隨這封信而結束。希望您日後對我只有單純的鼓勵與尊重，並請一如往日繼續支持我微不足道的才華，如此將使我獲益良多且無比欣喜。請相信，能夠對別人說您是我的好朋友，我感到榮幸萬分。

芬妮・凱莉上

寫信人：范妮・柏尼（Fanny Burney, 1752-1840），戲劇女伶及作家

收信人：湯瑪斯・巴洛（Thomas Barlow）

時間：一七七五年

**戀情提要：**范妮是戲劇女伶，也是《伊芙琳》（*Eveline*, 1778）一書的作者。一七七五年五月，范妮在一場聚會上認識湯瑪斯。范妮在日記中描述湯瑪斯「英俊」而「殷勤有禮」，並鍥而不捨地追求她，連范妮的家人都十分鼓勵湯瑪斯和范妮交往。但范妮並不嚮往婚姻，她在給朋友的信中提到：「我從來沒發誓不嫁，但是長久以來我一直深信，婚姻既無保障又充滿風險。」范妮也在日記中寫下關於湯瑪斯的趣事，還有拒絕湯瑪斯追求的信。

范妮後來還是在四十一歲的時候出嫁了，對象是一個在法國大革命中遭放逐的法國貴族。

**佳句摘錄：**在短暫的一面之緣後，您對我的隆情高誼我心領了，但我無意改變現況。

# 一七七五年五月二十九日，聖馬汀街

閣下：

您的第一封來信，我並沒有回應。本盼您就此打住，勿再對我費心；然而效果似乎不彰，讓我相當掛心。

在短暫的一面之緣後，您對我的隆情高誼我心領了，但我無意改變現況。謹祝您身體健康，萬事如意，並勿再枉費心神。

范妮・柏尼敬上

寫信人：英國女王伊莉莎白一世（Queen Elizabeth I, 1533-1603）

收信人：艾瑞克王子（Prince Erik）；即位後稱艾瑞克十四世（King Erik XIV）

時間：一五六〇年

**戀情提要：**伊莉莎白是英王亨利八世與安．波林之女（參見第181頁），撰寫此信時她已登基三年。許多來自歐陸的皇親國戚，曾向這位人稱「處子女王」的國家領導人求親；至於她的側近更是一片勸進之聲，盼她早日子孫繁衍、確保王位後繼有人。

但伊莉莎白不願得了夫君卻失了權柄；艾瑞克倒是不屈不撓，從伊莉莎白尚是公主的時候開始積極求親，縱使她多年來始終無意下嫁。

此信是伊莉莎白在艾瑞克遣胞弟（芬蘭公爵約翰）親訪英倫再次提親之後所書。此後，不死心的艾瑞克又在一五六五年吃上一次閉門羹，其後（一五六九年）則遭罷黜。一五七七年，芬蘭公爵親手毒死了艾瑞克，登基成爲瑞典的約翰王（King John）。

**佳句摘錄：**嫁娶若爲神意，斷無良緣已締而夫妻隔海遙對之理。

# 一五六〇年一月二十五日

吾兄瑞典王儲大鑒：

令弟於去歲十二月三十日捎來吾兄文情並茂之親筆來鴻。字裡行間，足見吾兄對朕眞情盛意不減，然而朕之所憾，恨不能回報以同等情誼。此絕非懷疑吾兄之聖愛與英名；唯過往屢次申說與覆信，吾心不曾誰屬，迄今亦然。是以朕一再企求吾兄，兒女情愛宜加節制；而今而後，應以邦誼爲重、踰矩爲戒。誠能如此，則朕自當有所回報，盡一己之能，維繫神聖情誼，絕不辜負吾兄。朕不願委身海外夫君，亦不接受他人代爲求親；凡此種種，令弟尊使理應已向兄稟報甚明，而兄依然遣使修書，令朕頗感惶惑。

朕以爲，嫁娶若爲神意，斷無良緣已締而夫妻隔海遙對之理；縱令夫婿貴爲王儲，富貴無雙，亦不能乖違倫常。吾兄既不曾御駕蒞臨，當面求親，朕又如何親自答覆，以謝厚愛？至於下嫁一事，朕本無此意，何有思量斟酌之處。令弟英明軒昂，尊使殷勤有加，多次造訪敝國，只爲求親；朕接見彼等，皆以前述因由據實告之，辭令亦不嘗稍易，無非盼吾兄莫再虛擲光陰，早日另覓良緣才是。朕獨身終老心意既決，琴瑟和鳴自非所願，尚祈兄成全爲盼！天主在上，願吾兄永享護佑。

妹伊莉莎白

# 標準範本篇

本篇收錄的是出現在書信應用手冊中，若干指導讀者如何撰寫分手信的範本。

「尺牘大全」之類的書，在十八、十九世紀的英法兩國大爲風行；許多中學也都開設書信寫作的課程。書信範本自有其實用參考價值和教育目的，但也滿足了讀者的好奇心和窺視的天性。夏提耶（Roger Chartier）在《書信》（*Correspondence*, 1997）一書中提到，這些手冊可以作爲窺探上層社會社交生活的窗口，彷彿藉此可以看清「遙不可及的、奇異的貴族社會」。書信手冊也像小說一樣，會運用戲劇和敘述的技巧，以至於注重實用參考性質的書信範本與追求娛樂效果的虛構信件往往混淆難辨。

收錄在書信大全中的信件往往成對出現；第一封信提出問題，第二封信則回答問題，或指涉到第一封信的內容。有學者認爲，一七四一年出版的知名著作《重要場合書信大全》（*Familiar Letters on Important Occasions*）本爲實用目的而作，卻可能不自覺採用了故事的型態，而「無可避免地趨近於小說」了。

二十世紀以降，由於教育普及使識字人口大增，書信範本的數量因而劇減。這個時期重要的書信大全都沒有收錄宣告結束戀情的書信。即使是社交禮儀的參考書也沒有提到分手信的撰寫方式，只有一體適用的指導原則；如愛蜜麗・頗思（Emily Post）對於「有衝動要以書信向男士傾吐心聲的年輕淑女」只有一句忠告：「萬萬不可！」

就筆者所知，近代唯一收錄分手信範本的書信大全，只有《給男性的分手信》（*Kiss Off Letters to Men,* 2001）一書——而且全書只收錄分手信。與傳統的書信大全相較之下，該書的娛樂性不下於實用性。

這封信叫做「爛男人掰掰信」，內附在所謂的「特製分手工具盒」裡。發明這個工具盒的華金斯（Patti Watkins）是來自密蘇里州的電影顧問。這個工具盒是她某夜與閨中好友出遊之後所得到的靈感；她的朋友中，有人剛分手，有人則面臨感情上的危機。這個新奇的道具盒在二〇〇一年首度問世，盒裡裝有巫毒娃娃、靶心與飛鏢、肥皂、「宣告分手」別針、手鐲，以及以下這封萬用分手信（附信封）。

---

親愛的＿＿1＿＿：

我深深覺得＿＿2＿＿，多希望自己當初＿＿3＿＿。此外，我始終不懂你爲什麼＿＿4＿＿。

從今以後，我＿＿5＿＿，請你＿＿6＿＿。

＿＿＿＿筆

註：以前爲了給你面子我才沒說眞心話，其實，＿＿7＿＿。

# 參考選項

**1**
大頭鬼
漿糊腦
死豬頭

**2**
甩了你我好痛快
你還沒葛屁眞遺憾
你皮夾被偷其實是報應

**3**
早點發現你是個肉腳
事先察覺你原來比蒼蠅還煩人
直接離開你跟你那台自以爲帥的爛車

**4**
不乾脆「出櫃」算了
不找隻大猩猩學學餐桌禮儀
不肯承認男人的「尺寸」不夠，硬「ㄍㄧㄥ」也沒用

**5**
再也不想見到你那張噁心的臉
再也不會承認自己曾經跟你約會過
再也不想聽見你那讓我起雞皮疙瘩的聲音

**6**
沒事就滾遠一點吧
呑塊肥皀好好洗洗你的嘴跟腦吧
帶著健保卡去精神科掛號吧

**7**
你的狗超討人厭的
你媽超機車的
你用的古龍水超臭的

以下這個範本節錄自〈分手應用手冊〉，該篇文章原刊載於一九七九年十月號《憤怒》（Mad）雜誌，作者是法蘭克・雅各（Frank Jacobs）。

## 〈分手應用手冊〉

許多女性都有這樣的經驗：當白馬王子不再是白馬王子，要如何寫一封措辭絕妙、意義明白的分手信來斬草除根呢？本單元的設計目的，就是希望提供所有女性寫分手信時的教戰守策。只要在以下空格裡填上適當的參考答案（或是妳自己更棒的答案），就可以成功寫出一封保證「分手快樂」的分手信。

---

### 憤怒雜誌版萬用型分手信

親愛的約翰：

我實在不知如何啓齒，但＿＿1＿＿。我是＿＿2＿＿在＿＿3＿＿發現的。我看到你對＿＿4＿＿＿＿5＿＿。我想你還不夠＿＿6＿＿，看不出＿＿7＿＿。

在此歸還＿＿8＿＿，可是我想留下＿＿9＿＿作紀念。希望你明白我將＿＿10＿＿你的＿＿11＿＿。

＿＿12＿＿

威瑪筆

## 參考選項

**1**

我們的感情已經結束
我們玩完了
我要出家當尼姑
我開始恨你
我們的星座不對盤
你好噁喔
你應該多洗澡
我會夢遊
我受不了你的鼻孔
我決定把你掃地出門
你很白目
我愛上你老哥了

**2**

那晚
去年
昨天
五分二十秒前
上次你打電話來的三天後
認識你隔天
第一次和你約會那天
剛才
不久以前

**3**

你的狗窩

你的車裡
八里海邊
公車上
你衣櫥裡
我們去吃墨西哥菜時
你書房
你抽菸喝酒時
畢業舞會上
醫院裡
你發呆恍神時
你姑姑家裡

**4**

我的姊妹淘
我爸
我的偶像貝克漢
我的寶貝愛貓
我第一次做的義大利麵
最in的扭蛋玩具
我種的玫瑰花
我的非洲網友
我的得意作品
我收藏的Hello Kitty
那個短裙辣妹
那個長髮帥哥

**5**

眉目傳情
百般羞辱
不聞不問
拳打腳踢
嚴詞批評
擠眉弄眼
狂獻殷勤
嗤之以鼻
冷朝熱諷
毛手毛腳
有說有笑
不屑一顧
冷漠以對

**6**

男子氣概
靈光
聰明
開放
有羞恥心
清醒
勇敢
成熟
積極
厲害
狠毒

**7**

我有多痛苦
你是多無聊的傢伙
你的車多遜
你的痘子沒救了
我們的結合是天大錯誤
世上沒有聖誕老人
我恨死不刷牙的男人了
我比較愛女生
你的狐群狗黨超沒品的

**8**

你的戒指
你的情書
你的裸女海報
你的魚缸
上次去墾丁拍的照片
你的假牙
你的無情無義
你的史奴比內衣褲
你家的鑰匙
關於你的所有記憶
你的一袋破爛

**9**

你的照片
你的親筆情書
一萬張台積電股票
你的帥老弟
你的白頭髮
你拔下的智齒
你的棒球帽
你爲我買的鑽戒
你的手帕
你摺的紙鶴
你寫的詩
我們去看電影的票根

**10**

永遠記得
不會忘記
厭惡唾棄
不再對任何人提起
不對外公開
告訴八卦雜誌
通知令尊
沒齒難忘
替你向神父告解
時時懷念

**11**

眞誠友誼
無情無義
啃腳丫怪癖
戀母情結
醜聞糗事
精神虐待
不知悔改
風流花心
腳踏多條船

**12**

愛你的
恨你入骨的
痛苦的
想挖出你的心
與你誓不兩立的
鬆了一口氣的
請代向你養的小青蛙問候
快滾吧
請代向你的怪怪家人問好

以下範本摘錄自一九二五年出版的《情書大全》。

## 【委婉告訴情人自己心意已變】

我親愛的厄尼斯特：

提筆寫信給你，心裡滿是懊悔和羞慚：懊悔的是怕對你造成傷害（我極其不願），羞慚的是自己善變的心。厄尼斯特，我們彼此許下承諾的那一刻，我眞心認爲我的愛只屬於你；如今才發現我很自私，只愛我自己。我不知道當初是怎麼昏了頭，竟然錯把尊敬當成愛情。

我仍然十分敬重你，也希望能一直擁有你這個朋友。可是，厄尼斯特，我沒辦法愛你，想到婚姻我就很反感。我覺得自己像一個犯人，無地自容，爲此我耗了多少神、流過多少眼淚——你若是知道就好了。

請原諒我讓你失望了。我永遠不會原諒自己，我知道自己很快就會得到報應。我會送回你給我的信與禮物，當然你沒有必要也退回我的東西。親愛的厄尼斯特，請相信我仍是你的摯友。

珍妮特

以下範本摘錄自《情書範本》（*The Love Letter Writer*, 3rd Edition）。

## 【編號42，年輕女子告知情人打算分手】

親愛的×××先生：

讓我至感抱歉的是，我必須讓你知道，不久之前，我感覺愛情已經冷卻。原本以爲自己對你有著深深愛戀，如今發現這只是一種對你的仰慕之情。

有段時間，我跟你在一起非常快樂，這你應該知道。只是現在，我對你的感覺已算不上愛；而你對我應該也一樣。

你從來不曾向我求婚，卻把你的肉慾強加在我身上，好像我們已經是夫妻；實際上卻毫無名份。愛情帶給我的亢奮、希望、歡愉、幸福，通通被你扼殺。坦白說，你講的話我再也不會輕信了；你只是在利用我罷了。

透過這封信，我要告訴你的是，我決定離開你。而今而後，我不再是你的甜心，你也不再是我的情人。希望這不會讓你太痛苦。別了。

你的朋友×××

## 【編號54，十九歲少女拒絕老男人的求婚】

親愛的先生：

多謝您的來信，但是信的內容把我嚇了一大跳。我很樂意成爲您的妻子，只可惜與長者結縭有違我的原則。

您是否想過，如果有一天您牽著我的手步入教堂，牧師可能會很驚訝地問道，「什麼？先生？您是帶這個孩子來領洗的嗎？」多麼丟臉！難道您要回答說，不，您是帶未婚妻來結婚的？多好笑啊。

如果我只是貪圖財富而勉強與您成婚，這樁婚姻是沒有意義的。我認識一個寡婦，如果您不反對的話，我今晚就可以向她提起您。她只有二十八歲；而且豐滿迷人、魅力多情、待人和善、能言善道、容光煥發、品格正直、健康良好。我會向她提起您，請務必寫信給她。

祝您好運。

×××敬上

本信收錄於一八四七年出版的《美國仕女與紳士當代書信範例：關於事業、責任、愛情與婚姻》一書。

## 【女子婉拒求婚之請】

先生：

我對待你的某些方式想必引起了誤解；造成誤解的究竟是我的哪些舉止，我委實不知。但詳讀了你方才寄來的信之後，我非常確定有這麼回事。能得到你的青睞，聽到你提議要更增進彼此的認識，我受寵若驚。然而，衡諸我對你的各種觀感，我很抱歉必須婉拒你的要求。不論我是爲了什麼原因而拒絕你，我相信你都不會讓我苦惱於到底應該提出什麼說法才好。我想我只需說我無法接受你的請求即可。我相信，我可以期待你日後不致重提此事。假如你出於某種動機，轉而向我的父母百般懇求，我可以推測，你的請求恐將無效。我非常確信，他們不會在婚約這一樁如此敏感而微妙的課題上罔顧我的心意，那畢竟關乎我終生的幸福。在此祝你快樂，謹此敬署

某某某敬上

以下幾封信取材自《情書範本》（*The Lovers' Letter-Writer*），作者、出版商、出版日期不詳。

## 【給教堂裡的陌生男性】

先生——你的來信極其無禮且無理，我百般不願回覆，提筆唯一的理由，只在於不想讓你有一絲一毫會錯意的藉口。無論在任何情況下，我都不允許兩人未經正式介紹就開始交往——儘管你似乎不這麼認爲。你我偶然在同一教堂作禮拜，以及你探知我的姓名，都非我所能控制；而你趁機展開行動，非但視教規如無物，對教友也甚爲不敬，因爲你雖然人在教堂參加禮拜，卻冒犯了女士——你的來信即是冒犯的鐵證。

亞曼達

## 【給滿懷醋意的未婚夫】

先生，你要我斷絕與朋友間禮貌性的來往，實在太過分了。我還不想與世隔離、息交絕遊，你也無權作此期待。你的來信這麼不客氣，所以我也想不出更好的回答，如果你覺得婚約對你是個負擔，我也同意解除。忌妒所應得的回報只有反感與輕蔑。

瑪莉亞

## 【未婚夫因財務危機而要求解除婚約】

親愛的H先生：

你的來信幾乎讓我心碎，但我知你甚深，早就料到會有這樣一封信。你也一定知道我為了你的事有多麼痛苦，多麼希望很快就雨過天青。

謝謝你如此坦白地指出，我們的婚約在現況之下有必要重議。我完全同意，由於你所遭逢的不幸，我們彼此的關係已經大受影響；因此秉持著與你一樣的坦白，我接受你解除婚約的提議，也深信你不致以為我是薄情寡義的。我和你所有的朋友一樣，都熱切地盼望聽到你成功的消息。雖然今日我倆無緣，但請繼續視我為友。祝你一切順利。

凱蒂敬上

## 【富家女拒絕家境普通的男士】

先生，萬一女人找不到理由來拒絕求婚，倒是可以從他家境不佳的告白，以及擔心世人譏評他想攀附裙帶關係來拒絕。這樣的告白和擔心，在我看來，恰可證明這位男士根本是虛情假意；他就是自己假意鄙視的人。

下回你談戀愛時，請勿在信中指控對方以金錢為重，眞情為輕。至於我是否願意將我的未來交付與你，就可以免談了。我對於你這個人以及你的想法，感到異常厭惡，日後頂多也只是點頭之交罷了。

拉妃妮亞

## 【駁斥宣稱滿懷激情卻害怕曝光的情人】

先生——我不知道你的信是否是個玩笑，若是如此，信中因抄襲而出現的荒謬之處，或許還可以原諒。但如果這封信是你眞心寫給任何你所尊重的女士，依我的淺見，這封信很難達到效果。

你的信不僅不合乎現代語法，也有違常理，使我深感遺憾。

我願隨時候教，

瑪麗

## 【給希望中止交往的情人】

先生：

你最後一封來信，現在就放在我面前。你在信中提到：我們長久以來互相認定的身分，必須從此取消。在收到你這封信之前，我一直將你視作我未來的夫婿；你也一定知道，我的心原本是完全屬於你的，所以對其他追求者都不屑一顧。每天只要一想到你，我的心就無比的歡喜。就在收到這封意外又殘忍的信當時，我的心也還是想著你。但我也是有骨氣的，我不會請你收回成命，重新接受我。不管你的要求是經過深思熟慮，或者是一時衝動，我都不會再回頭。先生，我會如同你對待我一般，立即且毫不猶豫地，完完全全將你由心頭抹去，不留下半點痕跡；而今我唯一的要求，是你得將我從前寄給你的信全部還我——那些信是在我誤以為你對我滿懷深情，且將你當成未來丈夫的情況下寫的。

你真摯的
伊萊莎

以下範本摘錄自理察森（Samuel Richardson）的《重要場合書信大全》，該書於一七四一年初版，一九二八年再版。

## 【純情少女寫給見錢眼開而變心的情人】

約翰先生：

我必須提筆寫信給你，儘管你可能只會嘲笑我。但我必須說完該說的話，心裡才能舒坦，才能努力把你忘記。常常有人警告我，要防範男人虛偽的心。他們說，男人常發了誓又反悔，我該小心點，沒錯，我也的確提防了好一陣子，你很清楚。可是，你追我那麼久，誓言如此眞誠，看似無可自拔愛上我。一開始我可憐你，所以才會聽你傾訴衷曲。啊！都是憐憫心作祟，才會那麼快使我軟化——我是不會說什麼「愛」的火花之類的話，噁心透了！當時我一心以爲，即使全世界的男人都是騙子，你也會是唯一的例外。啊！我這個可憐的笨蛋。雖然大家都常吹捧我的眼光不錯，我卻笨到相信自己能夠挽留一顆勢利的心。你眞的是見錢眼開！我本來以爲，儘管功利的卑下品格非我所好，但是世風奢華，能有這樣勤儉的丈夫，也可以帶來安全感。可是到頭來，你卻寧願娶波麗，拋棄悲慘的我，就因爲她比我多幾個錢。

我不是說波麗不好。我希望她幸福，眞的；我也不希望你受苦。可是你早就認識波麗，爲什麼不好好追她就好，還要牽扯上我呢。你當初又何必對我低聲下氣，又悲又歎，還發誓什麼日日夜夜，永遠都不離開我，讓我笨到相信你、可憐你。等到我們的事全城盡知，你卻這樣拂袖而去，讓我淪爲眾人的笑柄。你覺得自己很厲害是嗎？

如今我每次出門，總有人對我嗤之以鼻，還有人乾脆送我兩個柳葉花圈（編按：佩戴柳葉花圈表示失戀或爲情人之死哀悼）——我竟遭受如此待遇！更可悲的是，因爲你卑鄙的行爲而嘲笑我的人還不乏女性朋友。我摸著良心，檢視自己所思所行都沒有錯，爲什麼我必須爲了別人的錯而遭受冷嘲熱諷？不過，那個人不只犧牲了我，也犧牲了自己的名譽與信用。沒錯，我唯一的安慰就是你毫無可怪罪我的餘地。我無可指摘，但爲什麼我必須在眾目睽睽下受辱，就爲了你的下賤無恥？

我一點也不希望你履行對我發過的誓言，因爲假如你現在這樣做，就等於用對付我的那一套對待波麗。放心吧，我也不希望她受傷。但我希望你提到我的時候尊重一點。聽說你還向別人揶揄我。一切到此爲止吧！也請你不要再叫我是什麼「可憐的小女生」、「希望她不會放在心上，可憐的小東西！」你傲慢的態度讓你變得一文不值，而我也不該受到這樣的待遇。一開始寫信時，我希望你本著良心，好好想想我們之間的事。本來是要讓你明白你犯下的錯誤，沒想到寫了這麼多。現在，我不覺得你值得我再寫下去，因爲對你這種發了誓又背信的人，良心二字無足輕重。

約翰先生，像你這種下流的人，要走就走吧！我會永遠把你忘記。好好享受波麗小姐的微笑，還有她比我多的那一、兩百磅。看看幾年後，你會不會更快樂、更有錢。我不想再罵你，你的良心（如果你懂得反省的話）自會譴責你。還有，因爲你的緣故，此後我會致力勸阻女性同胞聽信男人的話，除非他們對「錢途」的興趣能保證其持續對女性付出虛情假意。最後，雖然受騙又受傷，無恥的約翰先生，我仍祝你幸福。

# 純屬虛構篇

顧名思義，本篇收錄的是出現在小說中的分手信，故謂之「虛構」。

以下摘錄自納博科夫（Vladimir Nabokov, 1899-1977）的小說作品《瑪麗》（*Mary*, 1926）。書中男主角是一位流亡海外的俄國年輕人葛寧，他發現鄰居艾弗友諾夫的妻子正是自己的初戀情人瑪麗。當時葛寧與艾弗友諾夫住在柏林，而身在俄國的瑪麗正搭火車要前來柏林。

以下篇章中所提到的那封信就是瑪麗在與葛寧分手之際所寫，而整部小說大部分的內容都是在敘述葛寧對這段感情的追憶。納博科夫另一部作品《羅麗泰》（*Lolita*, 1995）也善用了分手信的表現手法，由女主角海茲寫給她的房客（也是她日後的丈夫）罕伯特。

---

葛寧拿著拖把回到臥房。桌上放了一個淡紫色的長方形信封。看到書桌在鏡子裡的倒影與這個信封，使他突然聯想到那些年代久遠的信件；那些裝在黑色公事包裹，一直被他壓在箱底的信。和公事包放在一起的，是他離開克里米亞（Crimea）時隨身帶著的自動手槍。

他拿起桌上信封，用手肘把窗子頂開，並把信用力對半撕裂，然後再撕碎，把碎片扔向風中。碎紙片如雪花般在陽光中閃爍飛舞。其中一張紙片飄到了窗台，上頭還有勉強辨認得出的字句：

……然，我忘得了……

……的愛，我只祈……

……願你幸福……

他把紙片輕輕彈走，院子裡有煤炭的氣味，也嗅得到春天與曠野的氣息。他如釋重負地聳聳肩，這才開始打掃臥房。

以下摘錄自海明威的小說《極短篇》（*Avevry Short Story*, 1925），內容是根據海明威自己的初戀故事（參見第235頁）。

---

他從熱那亞搭船回美國，露茲則回到波爾德諾聶（Pordenone）開了一家醫院。那是個寂寥又多雨的地方，有一整營的突擊隊駐紮當地。時值冬季，整個城因多雨而泥濘不堪。突擊隊少校向露茲示愛——少校還是她第一個認識的義大利人。後來露茲寫信給在美國的他，說自己與他之間只不過是少男少女的青澀情愫而已。露茲在信中說自己感到很愧疚，知道或許他現在不能了解，但將來有一天仍會原諒甚至感謝她，還提到可能會和少校在來春閃電結婚。她說自己會如以往一樣愛他，但她已明白這畢竟只是年輕男女之間不成熟的愛情。信末祝他事業成功，而且對他寄予厚望。她知道分手對雙方都好。

但少校並沒有在春天娶她——後來也一直沒有。她寄到芝加哥給少校的信也未得到任何回音。不久後，他認識了一位百貨公司的女店員，兩人在穿越林肯公園的計程車上苟合，因而染上淋病。

以下摘錄自作家伊迪絲．華頓（參見第59頁）一九七二年的小說作品《夏日》（*Summer*, 1917）。故事中，孤女喬若蒂由律師羅亞爾監護照顧。她在所工作的圖書館邂逅了一位建築師賀尼，並愛上了對方。羅亞爾律師曾多次向喬若蒂求婚，喬若蒂都拒絕了。她開始偷偷與賀尼交往。有一次羅亞爾撞見了喬若蒂和賀尼在一起，上前質問賀尼的意圖；賀尼答稱，他將出一趟門，回來後就會迎娶喬若蒂。不料賀尼離開未久，喬若蒂便聽說賀尼其實已有未婚妻安娜貝。於是喬若蒂寫了封信給賀尼。

她從羅亞爾律師的工作室取了張信紙。這一夜，薇尼娜已經就寢。她在廚房的桌燈旁坐下，寫下她這輩子的第一封信。信很短：

「我要你去娶安娜貝．巴爾，假設你答應了要娶她。我想你也許是擔心我會非常不高興，但我覺得我寧可你做出正確的行爲。你心愛的喬若蒂敬上。」

以下摘錄自《誘惑者日記》（*The Seducer's Diary*, 1843），作者是丹麥存在主義哲學家齊克果（Søren Kierkegaard ,1813-1855），原收錄在齊克果另一著作《非此即彼》（*Either/Or*, 1843）中。

故事中的誘惑者約翰尼斯，試圖以「美學的」的手段來引誘年輕女子克蒂莉雅；也就是追求者沉緬於追求過程的新鮮熱烈，並喜歡在事後再三回味，但卻又能保持距離，不致與對方關係過於密切而深陷其中。以下是克蒂莉雅寫給約翰尼斯的信。

---

約翰尼斯：

從前有個男人，他很富有，擁有大小牲口家禽無數。而另一位貧窮的小姑娘，只有一頭小羊，小羊與她同飲共食，相依爲命。你就是這位富翁，擁有世上所有的榮耀，而那可憐的女孩就是我，除了一份愛之外一無所有。你得到了我的愛，你也從中得到了歡愉，然後受到私慾的引誘，犧牲了這份愛，犧牲了我僅有的這一丁點，而你卻不願付出分毫。故事就是這樣：富翁坐擁富貴榮華，愛情卻是這可憐小姑娘生命的全部。

你的克蒂莉雅

以下摘錄自珍・奧斯汀（Jane Austen, 1775-1817）的代表作品《理性與感性》（*Sense and Sensibility*, 1811）。故事中城府深沉的露西・費拉寫了這封信給她的前未婚夫愛德華・費拉，告知自己已嫁給愛德華的弟弟羅伯。也由於有此轉折，愛德華才重獲自由，得以向他真正所愛的愛蓮娜求婚。愛蓮娜其實一直深愛著愛德華，卻只是默默等候，認為總有天賜良緣的那一天。她就是書名「理性」的化身。

敬愛的大哥：

自從我確知您已變心，我便認爲自己已無必要苦苦痴守，應另覓良緣才是。過去我一直相信您我可以過著神仙眷侶般的生活；現在我與我的良人廝守，也有同樣的信念。既然您心有別屬在先，我也不願強留您。對於您的決定，我由衷祝福。而今您與我已結成姻親，理應謹守分際；若無法與您太過友好，務請諒解。對您，我絕無怨懟之情，也確信您寬大爲懷，不會對我們心存芥蒂。我全副心思現已都在令弟身上，我倆深愛彼此，不能須臾分離。

我倆甫結爲連理，正在前往陶利須（Dawlish）途中，計畫停留數週。得以一訪該地

是令弟許久以來的期待，而我認爲應先寄上這封短箋來叨擾大哥。身爲弟媳的我將永遠爲您祈福，並永遠是您

最誠摯的朋友，

露西・費拉

又：我已燒毀您所有信件，一有機會也會立刻歸還您的肖像。也請立即銷毀我寫的東西，而纏繞髮絲的戒指是否保存則悉聽尊便。

以下摘錄自小說《柯瑞琳》（*Corinne, or Italy*, 1807），作者為法國革命的激進份子及沙龍女主人斯塔爾夫人（參見第44頁）。在小說中，神祕、美麗的義大利女詩人柯瑞琳愛上了蘇格蘭貴族奈維爾（Lord Nevil），但奈維爾後來拋棄了柯瑞琳，與早有婚約的英格蘭啞女璐西兒成婚——而璐西兒正是柯瑞琳同父異母的妹妹。奈維爾在給柯瑞琳的信中解釋為何最終選擇璐西兒，並且要求再見一面，以請求柯瑞琳的諒解。柯瑞琳寫了以下這封回信，其後便抑鬱而終。

如果答應見你一面就能讓我原諒你，我就不會遲遲不肯見你了。雖然你帶給我的痛苦錐心刺骨，但不知爲什麼，我一點也不恨你，我對你毫無恨意，這代表我一定還愛著你。光是宗教不足以使我平心靜氣。我有時忽忽如狂，有時又以爲自己活不久了，心情反倒寬慰許多；有時又懷疑每一件事——包括道德——因爲我本以爲你就是世上道德的化身。我尊崇和戀慕的對象同時幻滅，使我在思想和感情上同時失去了指引，茫然無依。

如果沒有上帝的牽引，我會變成怎麼樣呢？對你的懷念，使世界上所有的一切都爲之變色。在我心深處只有一個避風港，上帝在那裡接納了我。雖然我的身體一天天地衰弱下去，但是憾恨之情不曾稍減。人生唯一目的是使自己有不朽的價值，或悲或歡都不過是淬鍊的手段，這是我所樂於相信的。上帝選擇了你來把我的生命連根拔起，是因為我對生命有太強的依戀。

當我聽說你來到義大利，當我再次看到你的筆跡，當我知道你就在河的對岸時，內心紛亂不已。我必須不斷地告訴自己，我妹妹是你的妻子，才能克制內心的情感。不瞞你說，如果能再見到你，我會非常快樂，一種難以形容的激情會再次被燃起。一時的激情遠勝於百年的平靜啊。但是上帝並沒有棄我於險境不顧——你已是別人的夫婿，我還能對你說什麼呢？我有權利死在你懷裡嗎？如果我一點也不願犧牲，如果我還奢求最後一天、最後一小時的歡樂，我還有良心嗎？現在我能做到放棄再見你，將來在上帝面前，我可以更有自信。這個重大的決定，讓我的心重獲平靜。在你還愛我的時候，我就已經體會到，歡樂與人的本性並不契合，因為歡樂刺激我們、擾亂我們，又稍縱即逝。只有經常禱告、靈修，以自我完滿為目標，並以負責任的態度做出每一個決定，才能享有真正的愉悅。但是，光是聽到你的聲音，或許就會把我好不容易才安頓下來的心，蹂躪得不成樣子。你在信上說身體不好，使我心如刀割。啊！雖然我沒能照顧你的身體，但是我仍和你一起經歷這種苦痛。願上帝保佑你！為了可憐我，你一定要幸福！我們心中似乎都有通往神性的祕密通道，讓我們彼此信賴，並互相應和；如此我們倆的身體可以共用一個靈魂。你願意繼續追尋幸福嗎？你找得到比我更好的愛嗎？你知道嗎？如果你讓我跟著你去新大陸，我會是多麼的幸福啊！你知道嗎？我願意當你的奴隸，一輩子服侍你！你知道嗎？如果你眞心愛我，我願意拜倒在你面前，就像拜倒在天國使者面前一樣。我對你付出這世上僅有的愛，而你又如何回應我呢？給我也是世上絕無僅有的痛苦嗎？不要再說你可以幸福度日，這樣會再傷我一次。禱告吧，和我一樣禱告吧，希望我們的思緒一同上達天聽。

然而，如果我自覺死期不遠，說不定我會躲到一個角落，靜靜的看你走過。爲什麼不呢？當我視野模糊、世界消褪之際，你的面容就會浮現——如果近來我已經偷偷看到你了，死前的幻影會變的更眞切吧？在古代，神祇不會在死亡的時刻現身。我不要你來，但是我卻想在我即將燃盡的靈魂中，回憶你最近的容貌。奧斯沃，奧斯沃！我在說些什麼？你看，我想你的時候就會如此失控。

爲什麼璐西兒不想見我？她是你的妻子，也是我的妹妹，我只想對她說些貼心話。我們的女兒呢？爲什麼不讓她來見我呢？我不應該見你，但是你身旁的都是我的家人，難道我的家人也排擠我嗎？你是擔心可憐的小茱麗葉，看到我的時候會傷心難過嗎？沒錯，我現在憔悴得像個鬼，但是我還知道要對你的孩子微笑。永別了！我的夫君和妹婿。至少在我的葬禮上，你會以親戚的身份，穿著喪服送我。我的骨灰要先送到羅馬，再沿著我的勝利馬車過去常穿越的路途行進，最後在你替我重新戴上桂冠的同一地點安息。不！不！這樣不對，我不要再讓你傷心，我只要你流一滴眼淚就夠了。偶爾抬頭望望天國的方向，我會在那裡等你。

# 一刀兩斷篇

寫信人為了向丈夫、男友或追求者訣別而寫下這類分手信：信中果斷決絕的語氣是為了迫使對方放棄再聯絡。

寫信人：麗莎 (Lisa G)，行銷主管

收信人：李 (Lee)

時間：二〇〇一年

**戀情提要：**紐約曼哈頓二十五歲上班族麗莎，經由朋友介紹認識了李，兩人開始互通電子郵件。「一開始只覺得好玩，因爲這樣我就可以眞正從上一段漫長而無疾而終的感情中解脫，」但麗莎不久後就發現，她和李是截然不同的人，彼此就是不來電。「他常常打電話給我，我卻一通都不回，藉此給他一點暗示，」麗莎說，「後來有一次他半夜十二點半打電話來，我從此跟他劃清界線。」李看了以下這封電子郵件之後回信告訴麗莎，上帝不會因爲她的不良習慣而放棄她，因爲她是個好女孩。

**佳句摘錄：**我們是不同世界的人——我從不上教堂，以後也不會；而且我還是菸槍兼舞棍。

二〇〇二年十月二十九日

李：

我很抱歉上週六晚上對你無禮，可是我實在不覺得有必要這麼晚打電話。假如我曾經給你什麼錯覺，十分抱歉。我們是不同世界的人——我從不上教堂，以後也不會；而且我還是菸槍兼舞棍。你是個好人，我想好女孩遲早會出現。

保重了！

麗莎

寫信人：亞麗·庫克辛斯基（Alex Kuczynski），三十二歲，《紐約時報》記者

收信人：M，四十歲，創投家

時間：二〇〇一年

---

**戀情提要：**亞麗和M交往六個月之後，由於M行徑古怪，又常常無故失蹤，使亞麗決定終止這段關係。M爲了挽回亞麗，建議相偕去看心理諮商師，她答應了。亞麗回想當時的情況說：「後來我撥了一通電話給M的前女友，因爲她的電話號碼常常出現在M的通話紀錄上。」不料，那個女人說她不是M的前女友，而是現任女友，這表示M同時欺騙兩個女人。謊言被揭穿之後，M發誓絕對不再與那個女人來往，還向亞麗求婚，可是被亞麗拒絕。M又發動強勁的鮮花珠寶攻勢，還請朋友幫忙說項，亞麗仍然不爲所動，不但把M寄來的信、書籍、卡片、照片和詩集全部丟掉，還廉價賣掉他送的珠寶。如今亞麗已經徹底忘卻M，找到感情的歸宿了。

**佳句摘錄：**我們之間發生過的事已經把我的心剖爲兩半。因爲這樣，我已經成了另外一個人；比較蒼老，也比較哀傷了。

# 二〇〇一年九月二十一日

我摯愛的M：

今天是星期五，漫長的兩個星期即將結束。我努力想了很久，到底我該不該再見你一面。

惠特曼的《草葉集》裡有一首〈論表象之不可信〉，不知道你有沒有讀過。這是我最喜歡的詩之一，喜歡的第一個理由是長久以來，我對這首詩的感受很深——愛情是虛幻的，我們永遠不能相信那些幻影。然後，我們開始約會，那首詩再度成為我的最愛，因為我一度以為，自己再也不必懷疑表象。如今只剩痛苦的省悟，到頭來這一切也還是虛妄。

（隨信附上一本《草葉集》。）

重讀這首詩，讓我的心碎了好幾回。所以我知道，再見你一面會讓我痛心疾首，我無法承受。我們之間發生過的事已經把我的心剖為兩半。因為這樣，我已經成了另外一個人；比較蒼老，也比較哀傷了。

我知道你希望我原諒你，但我無法做到。你傷我太深了。我和你之間不可能維持任何比較輕鬆自在的朋友關係，因為那表示我已經原諒了你。

對不起。我爲所有事情感到遺憾。

請尊重我不想見你的心意。儘管寫下這字句的同時我的心已經片片碎去（此後終生都會爲我們所失去的感到心碎之痛），但我仍然不能見你。

亞麗

寫信人：朵拉・卡林頓（Dora Carrington, 1893-1932）
收信人：傑洛・布蘭那（Gerald Brenan, 1894-1987）
時間：一九二四年

**戀情提要：**傑洛是軍人，也是朵拉的丈夫瑞夫的摯友。瑞夫是透過自己善妒的情婦發現妻子與好友出軌之事，遂禁止朵拉與傑洛通信；直到半年後兩人才恢復通信。

然而，朵拉與傑洛的感情並未因此加溫；瑞夫與傑洛相互嫉妒，傑洛又覺得自己不被重視。後來傑洛寫信給朵拉要求停止通信，以下即是朵拉的回信（隔月他們又復合）。

儘管朵拉的婚姻生活不甚如意，卻與作家司特雷奇（Lytton Strachey）有一段深厚不渝的愛情。一九四二年一月，司特雷奇死於癌症；朵拉憂傷過度，兩個月後舉槍自盡。

**佳句摘錄：**你愛過我，這件事以前對我非常重要，現在依然。

# 一九二四年十一月七日，星期五早晨

吾友，我寫了兩封長信給你，一封是昨晚跟你講完電話後寫的，另一封是今天早上寫的。我整夜都在想我們的事情，所以今早覺得好累。上週四晚上談完之後到現在，我看不出有什麼改變；昨晚掛上你的電話後，到今天早上我更確信一件事：神智清楚的人不會被你那封信的平靜語氣給唬住了。你承認是我讓你心神不寧，那是因爲你太多疑了。我不得不說，這段關係實在很糟糕。我要的是一份美好的感情，如果得不到，我寧願什麼都沒有，也不願活在煩亂憂慮之中，而你的痛苦一定會影響到我。經過深思之後，我得到一個結論：我們還是維持上週四所談的結果好了：不見面、不通信，直到雙方都能平心靜氣，願意自我調整爲止；直到你不再焦慮不安，能正常工作爲止。

請原諒這封信的雜亂無章。但我實在太累了，想得好累也寫得好累。我已經寫了兩封長信給你。事實是我沒辦法用你要的方式讓你開心，我也無法忍受自己成爲讓你不開心的人，所以我想離開這一切，靜下來一段時間。

我不會再去找你，以後想見我的時候請答應要告訴我，一切看你的意思。我會永遠關心你。我痛恨自己讓你不開心，即使是一個小時我也無法忍受。

記住上週四晚上的約定，不要再寫信給我了，短暫的分離對我們兩個都好。

你愛過我，這件事以前對我非常重要，現在依然。

假如你病了，一定要給我發電報。

我太沮喪，已經無話可說。很高興收到你的最後一封信。你愛我這件事，對我意義無比重大。請相信我是深思熟慮後才下此決定，是基於對你的愛，我最深的愛。

你的希蘿

附註：拜託別回信。我覺得自己已經無法再多想，也無力再做決定了。

寫信人：寶拉・莫德松—貝克（Paula Modersohn-Becker, 1876-1907），畫家

收信人：奧圖・莫德松（Otto Modersohn, 1865-1943），畫家

時間：一九〇六年

**戀情提要：**寶拉和丈夫奧圖同爲畫家，夫妻倆不但在感情上多所掙扎，在藝術上也相互頡頏。寶拉寫了以下這封信之後，最後還是回到丈夫身邊，但一年後就因生產過程發生羊水栓塞而死亡，身後留下一個女兒。

寶拉在寫以下這封信之前，在同年的三月和四月還寫過兩封信，信中請奧圖接受兩人漸行漸遠的事實，並提到造成他的痛苦，也讓她自己十分傷心。

**佳句摘錄：**不要再折磨自己了，過去的就讓它過去吧。不要再想辦法復合了，這只是徒然延長痛苦罷了。

# 一九〇六年九月三日，巴黎蒙因大道十五號

親愛的奧圖：

眼看你就快要來了。現在我鄭重懇求你，爲了你也爲了我，省了這一番折騰吧。奧圖，讓我走。我不想要你當我丈夫，我一點都不想。請接受這個事實。不要再折磨自己了，過去的就讓它過去吧。請依你所願安排一切事宜。如果你還喜歡我的畫，自己挑出想要的留著。不要再想辦法復合，這只會徒然延長痛苦罷了。

我還是得請你寄錢過來——這是最後一次了——我要五百馬克。我要去鄉下一陣子，所以請把錢匯給佛吉哈路一〇八號的赫特格先生。我現在打算要自己養活自己。

我感謝你帶給我的一切美好事物，但我無力挽回這一切。

寶拉・莫德松

寫信人：夏綠蒂・吉爾曼（Charlotte Perkins Gilman, 1860-1935），女性主義作家

收信人：查理斯・斯特森（Charles Walter Stetson, 1858-1911），畫家

時間：一八八八年

**戀情提要：**著有知名短篇小說〈黃色壁紙〉(The Yellow Wallpaper, 1892) 的女性主義作家夏綠蒂寫以下這封信給畫家丈夫查理斯時，兩人正處於分居狀態。兩人相識於一八八二年，在查理斯多次求婚之下，兩年後兩人結爲連理，但夏綠蒂對於婚姻與人妻的角色，內心始終充滿矛盾。或許這些掙扎加重了她的憂鬱症狀。婚後四年，在憂鬱症的陰影下，夏綠蒂離開丈夫獨居。夏綠蒂在自傳中提到查爾斯說：「在我認識的同儕中，他幾乎是數一數二的好男人。」查理斯在日記中寫著，讀完這封信之後，「像隻沉重的手壓在心頭，幾乎令我窒息，喉頭也被塞住了」。兩人最終於一八九四年離婚，夏綠蒂並於一九〇〇年再婚。

**佳句摘錄：**親愛的，我一直都很愛你，可是事實擺在眼前：離開你之後，我的健康與工作都漸入佳境。

# 一八八八年六月

我一點都不想家，也不思念你，而且康復地很快。我自己都很訝異。離家之後我一直很開心，所有的陰霾一掃而空。我開始充滿活力與自信，彷彿脫胎換骨！親愛的，我一直都很愛你，可是事實擺在眼前：離開你之後，我的健康與工作都漸入佳境。

寫信人：瑪麗・伍爾史東克夫特（Mary Wollstonecraft, 1759-1797），政治思想家，著有《女性權利的辯白》（*Vindication of the Rights of Women,* 1792）。

收信人：吉爾伯特・阿姆雷（Gilbert Imlay, 1754-1828），作家，著有《移民》（*The Emigrants,* 1794），並曾在美國獨立革命戰爭時期擔任軍官

時間：一七九六年

---

**戀情提要：**瑪麗在一七九三年於巴黎結識吉爾伯特，並開始與之交往。兩人雖未曾結婚，吉爾伯特仍於美國駐法使館中登記瑪麗爲其妻，兩人並生下一女。由於吉爾伯特四處行旅漂泊，對瑪麗日漸疏遠，又與其他女子過從甚密，使兩人關係惡化。瑪麗在心碎之餘，曾縱身泰晤士河自殺未遂。

瑪麗後來改嫁英國政論家及小說家高德溫（William Godwin），生下一女亦名瑪麗，也就是著名科幻小說《科學怪人》（*Frankenstein,* 1818）的作者瑪麗・雪萊（Mary Wollstonecraft Shelley）。

**佳句摘錄：**雖然你做了這麼多不該做的事，我內心深處還是相信，眞正的你並不是你表面上的樣子。

# 約一七九六年三月，倫敦

關於孩子的事，你想怎麼做就請趕快吧！我眞的希望快作個了斷，不要再有人對你提起我。一切都結束了。我確信你對我毫無敬意或友情，我也不想再罵你，雖然我有充分的理由可以認爲，你對我一定沒什麼「文雅」的好話。但這都無所謂了，你自己做的事自己看得過去就好了。

我鄭重向你保證，我們眞的就此永別了，但只要活著一天，我該盡的責任我都不會逃避。

我們倆必有一方在狡辯，此殆無疑。到底該歸咎哪一方也不重要了，因爲我從來就不認爲問題是出在言辭上。總之，我們倆之中一定有一個認知產生了嚴重偏差，因爲你所謂的「優雅」在我看來卻正好相反。我不願批評你的道德觀，你神聖的道德原則與情感既然奠基於一時的感官情慾，批評也是徒然吧。我的原則就相當不同了，否則不可能受得了你刻薄的嘲諷。

我心中的情感仍是神聖的，也只有我純潔的感情能讓我克服眼前的不幸。你目前躁動的感官，可能會使你把動物性的慾望當作道德原則的基礎，而且可能還要持續好幾年——但你是否會一直如此下去，我就無從得知了。

奇怪的是，雖然你做了這麼多不該做的事，我內心深處還是相信，真正的你並不是你表面上的樣子。

我們就好聚好散吧！

寫信人：茱莉・德雷斯畢納斯 (Julie de Lespinasse, 1732-1776)

收信人：吉伯特伯爵 (Jacques Antoine Hippolyte, Comte de Guibert, 1743-1790)

時間：一七七六年

---

**戀情提要：** 茱莉是法國知名沙龍女主人，少女時期擔任家庭教師，受到主流沙龍女主人之一德芳達夫人賞識，被拔擢爲親信兼助手。後來德芳達夫人見茱莉羽翼漸豐，既年輕又受歡迎，妒忌之情漸增，便將她辭退，而茱莉很快也設立自己的沙龍。

一七七三年，茱莉認識了吉伯特伯爵。吉伯特伯爵是法國軍事思想家及作家，其戰術謀略理論還影響了拿破崙與腓特烈大帝。茱莉對吉伯特一見傾心，但伯爵心有所屬，後來並與對方成婚。茱莉寫這封信時，已因爲苦戀伯爵而飽受三年的感情折磨；據說在這封信寫成的同一個月，茱莉就因服用過量鴉片（有一說是因絕望心碎）而死。

**佳句摘錄：** 如果你曾愛過我，或許我便不致如此悔恨，或至少不會這麼苦，得到繼續活下去的力量。

## 第238封信

# 一七七六年五月，星期六，清晨四點

我的朋友啊，你實在太好、太仁慈了。對於我這不堪長年悲傷的負荷、眼看就要沉沒下墜的心靈，你還願意給予扶持。你對我的關懷彌足珍貴，我全都知道，只是我再也無福消受了。

從前我總認爲，只要擁有你的愛，我就別無所求。唉！如果你曾愛過我，或許我便不致如此悔恨，或至少不會這麼苦，得到繼續活下去的力量。而現在我卻只想一死！我的朋友啊，這就是我心中對你的唯一一絲怨懟。老天啊，你那致命的吸引力，不知讓我掉了多少淚、受了多少苦，最後竟連生命都陷落其中。

我很想知道你未來會過得如何，但願你能幸福快樂。其實憑你的個性，你倒是不可能悶悶不樂的。我半夜一點接到你的信，當時我正發著高燒。讀你這封信不知耗費了我多少時間與力氣，但又不想拖到白天再讀。好不容易掙扎著讀完信又幾乎使我發狂。

希望今晚能再得到你的音訊。

永別了，吾友！如果有來世，我仍然願意愛你，只是今生恐怕爲時已晚。

>80#

**國家圖書館出版品預行編目資料**

情書的盡頭：90個女人告別愛情的風格／
安娜·霍姆斯（Anna Holmes）編；施益譯.－－
初版.－－臺北市：大塊文化，2004【民93】
面；　公分.－－(mark；45)
譯自：Hell Hath No Fury: Women's
Letters from the End of the Affair
ISBN 986-7600-64-9(平裝)

1.兩性關係

544.7　　　　93012267

105 台北市南京東路四段25號11樓

| 廣 告 回 信 |
|---|
| 台灣北區郵政管理局登記證 |
| 北台字第10227號 |

# 大塊文化出版股份有限公司　收

地址：□□□ ＿＿＿＿＿市／縣＿＿＿＿＿鄉／鎮／市／區

＿＿＿＿＿路／街＿＿＿段＿＿＿巷＿＿＿弄＿＿＿號＿＿＿樓

姓名：

請沿虛線撕下後對折裝訂寄回，謝謝！

大塊 LOCUS 文化

編號：MA045　書名：情書的盡頭

## 大塊文化 LOCUS 讀者回函卡

謝謝您購買這本書，爲了加強對您的服務，請您詳細填寫本卡各欄，寄回大塊出版 (免附回郵) 即可不定期收到本公司最新的出版資訊。

**姓名：**____________________ **身分證字號：**____________________

**住址：**________________________________________

**聯絡電話**：(O)____________________ (H)____________________

**出生日期**：______年______月______日 E-mail: ____________________

**學歷**：1.□高中及高中以下 2.□專科與大學 3.□研究所以上

**職業**：1.□學生 2.□資訊業 3.□工 4.□商 5.□服務業 6.□軍警公教
7.□自由業及專業 8.□其他________

**從何處得知本書**：1.□逛書店 2.□報紙廣告 3.□雜誌廣告 4.□新聞報導
5.□親友介紹 6.□公車廣告 7.□廣播節目8.□書訊 9.□廣告信函
10.□其他____________

**您購買過我們那些系列的書**：
1.□Touch系列 2.□Mark系列 3.□Smile系列 4.□Catch系列
5.□tomorrow系列 6.□幾米系列 7.□from系列 8.□to系列

**閱讀嗜好：**
1.□財經 2.□企管 3.□心理 4.□勵志 5.□社會人文 6.□自然科學
7.□傳記 8.□音樂藝術 9.□文學 10.□保健 11.□漫畫 12.□其他_____

**對我們的建議：**____________________________________

________________________________________

________________________________________

LOCUS

LOCUS

LOCUS

LOCUS